城市重大活动交通客流预测与运行保障

陈智宏　翁剑成　隋莉颖　王立勋　著

内 容 提 要

本书从重大活动的分级和交通影响区确定入手，对重大活动交通特性、交通运行监测指标体系、客流特性及典型重大活动客流时空分布特征等方面开展深入讨论；在分析客流和系统运力影响因素的基础上，介绍了大城市短时性及持续型大型活动客流规模预测方法；提出了大型活动综合交通运行保障方案，包括大型活动交通综合运行协调与保障方法和针对轨道大客流的传播规律和管控策略等内容。

本书可作为高等院校交通工程等专业的研究生教材和高年级本科生的参考书，也可供从事交通监测、运营调度、重大活动保障等相关领域的专业技术人员参考。

图书在版编目(CIP)数据

城市重大活动交通客流预测与运行保障 / 陈智宏，等著. — 北京：人民交通出版社股份有限公司，2018.7

ISBN 978-7-114-14630-5

Ⅰ.①城… Ⅱ.①陈… Ⅲ.①城市道路—交通运输管理 Ⅳ.①U491

中国版本图书馆 CIP 数据核字(2018)第 068997 号

书　　名：城市重大活动交通客流预测与运行保障
著 作 者：陈智宏　翁剑成　隋莉颖　王立勋
责任编辑：任雪莲
责任校对：刘　芹
责任印制：张　凯
出版发行：人民交通出版社股份有限公司
地　　址：(100011)北京市朝阳区安定门外外馆斜街 3 号
网　　址：http://www.ccpress.com.cn
销售电话：(010)59757973
总 经 销：人民交通出版社股份有限公司发行部
经　　销：各地新华书店
印　　刷：北京虎彩文化传播有限公司
开　　本：720×960　1/16
印　　张：6.75
字　　数：104 千
版　　次：2018 年 7 月　第 1 版
印　　次：2018 年 7 月　第 1 次印刷
书　　号：ISBN 978-7-114-14630-5
定　　价：32.00 元

前言

随着我国经济的快速发展，以及城市化、机动化进程的加速，城市交通运输系统的复杂性，运行的系统性不断增强，如何实现城市综合交通运行的协同调度、应急保障已经成为城市交通运行的重要挑战。尤其是，特大型城市的重大活动举办次数频繁，为改善特大城市综合交通系统实时感知与快速响应能力，城市综合交通系统应具有更高的可靠性。因此，开展特大城市重大活动交通系统客流预测与应急保障方案的研究，为响应面向特大城市重点节假日、大型活动等非常态条件下的交通综合应急保障突出、共性的交通运行监测、预警和应急保障等重大需求，实现综合交通协调运行与保障具有重要意义。

本书内容希望能为城市重大活动的客流特征分析、客流预测，以及交通系统的运行保障提供重要支撑。全书共5章，其中，第1章、第2章按照重要节假日或重大活动属性等维度对重大活动展开分级，分析重大活动的交通影响区确定方法及原则，并确定典型重大活动影响区域和交通特性，由陈智宏、翁剑成、王立勋等人撰写。在此基础上，第3章面向专项监测领域以及综合交通出行等复合领域开展常态化运行多源数据感知与融合，从用户主体、监测层次、基础指标三个层次提出了大型活动交通运行监测指标体系与计算模型，开展了大型活动客流特征及典型大型活动的客流时空分布特征分析，由翁剑成、隋莉颖、梁泉等人撰写。第4章厘清了多运输方式客流影响因素，提出了短时性大型活动及提供长效服务的大型活动，两类活动的客流规模预测模型，由陈智宏、王立勋、张政、钱慧敏、邱小建等人撰写。第5章提出了大型活动多模式客流综合运行协调与保障方法以及大型活动条件下轨道大客流传播规律与管控策略，并提出了大型活动交通运行应急处理保障方案，以期对现阶段我国城市，尤其是特大城市的大型活动大客流事件应急处置的研究与实践提供借鉴，由隋莉颖、王立勋、梁泉等人撰写。

本书的写作和出版得到了国家科技重大专项 2013 年度“核高基”项目（2013ZX01045003－002）的资助，编写过程中得到了交通工程领域专家教授的支持。特此向关心和支持本书研究的单位和个人表示衷心的感谢。

由于编写者水平和编写时间限制，本书难免有不足之处，恳请广大读者谅解。

作　者

2018 年 5 月

目录

第1章 绪　　论

1.1 概述

特大城市综合交通运行的应急保障是一个世界性难题。随着我国城市化、机动化进程的加速,以北京为代表的特大型城市的综合交通系统保障问题日益凸显。而北京作为我国的政治、文化中心,各类政治会议、体育赛事、博览会等重大活动举办频繁,由于交通短时性和强聚散性等特点,大量客流的抵离加剧了道路拥挤程度,给城市交通系统带来了巨大的压力。大批量客流在短时间内的集聚与疏散无疑是对城市交通运输系统承载力的严峻考验。科学利用现有交通资源,提升交通系统实时感知与快速响应能力,都对北京市交通保畅、交通安全、综合交通系统的可靠性提出了更高的要求。

本书是对特大城市交通应急、重大活动交通保障、协同指挥中实时应用业务需求响应的研究。重点针对特大城市重大活动交通特点,综合交通应急保障中交通基础设施监测与感知、交通运输系统监测预警、交通保障与应急信息发布的业务需求,基于重大活动和各类紧急条件下城市交通实时业务响应、应急保障和协同指挥的应用目标,充分应用国产、安全、可靠的软硬件基础,深入研究大型活动的客流分布规律及其影响因素,研究大型活动交通与背景交通协调关系,建立针对短时客流的小波预测方法与持续型重大活动客流规模预测方法,为大型活动的交通保障、城市交通系统的顺畅运行与公共交通车辆调度提供可靠支撑。

国内特大城市交通信息数据往往具有质量较高的特点,这为本研究提供了良好的支持。以北京为例,北京市作为国内较早发展ITS系统的城市之一,有着较好的交通信息数据质量。包括公交刷卡信息、轨道刷卡信息、出租车GPS与交易记录等一系列乘客出行数据,可以为多方面的交通研究提供数据支持。例如,通过主要站点的公交轨道刷卡信息和热点区域的出租车GPS信息,可以描述高峰时期大型活动客流抵离的时间分布特征与客流总体规模,通过客流数据总体特征分析,为模型的建立与相关参数的标定提供数据支持。

特大城市重大活动交通系统客流预测与运行保障方案研究,是特大城市交通可持续发展的必然选择和客观需求,将加强交通信息化、智能化建设,为特大城市重大活动交通运行管理、监测预警、动态评估、协调指挥和应急保障提供有效支撑。此研究将有效推动特大城市重大活动综合交通应急保障系统的建设,推动安全可靠的基础软硬件在交通运输关键领域的系统集成和应用,对于形成面向交通行业国产基础软件的重大共性解决方案及应用示范,推动国产基础软件的规模应用和产业化发展具有重大意义。

考虑到不同类别重大活动(大型公共活动、极端天气条件、大规模突发事件,以及重要节假日等)和交通保障的实施主体,围绕"重要节假日"和"大型公共活动"两大类重大活动开展研究。重要节假日指区域性的交通出行需求较为集中,市内、对外交通需求明显增长的重要节假日,包括春节、清明节、五一、十一、元旦等;大型活动指各类在日常交通运行的基础上带来较大规模新增客流、车流集聚和需求变化的活动,包含各类政治会议、体育赛事、博览会等,根据影响范围可以分为局部大型活动、区域性大型活动、全市性大型活动。

1.2 重大活动客流分析

本书在对重大活动客流特征与影响因素分析的基础上,重点概述客流数据的应用及研究现状,并明确重大活动的定义及交通特性,然后以客流分布特征预测为目标,重点关注重大活动客流预测模型的构建方法,为研究的开展奠定基础。

1.2.1 重大活动的定义与分级

1988 年美国联邦公路局对"已规划特殊活动"进行了定义,即已规划的在特定的时间和地点发生的能引起交通需求不正常增长的特殊活动,包括体育活动、游行、国家庆典、国际峰会、节日集会、焰火表演等。从这个定义来看,重大活动应该属于已规划特殊活动的范畴,但这个定义并未包含"大型"的含义,因此有必要对活动规模进行界定,以区别一般特殊活动和重大活动。

下面是美国一些城市根据活动的规模对特殊活动的分类情况,其分类标准相差悬殊。

加州首府萨克拉门托市依据参加人数将特殊活动分为三个级别:

(1)级别 1:参加人数为 50 ~499 人,基本不影响正常交通。

(2)级别 2:参加人数为 500 ~2999 人,对交通有一定影响,但不需要特殊交通管理和控制。

(3)级别3:参加人数在3000人以上,需要交通警察配合进行特殊交通管理与控制。

肯塔基州路易斯维尔市依据特殊活动参加者的高峰时间到达量,将特殊活动分为三个级别:

(1)级别1:小型活动活动参加者高峰时间到达量小于或等于500人。

(2)级别2:中型活动活动参加者高峰时间到达量大于500人且小于或等于5000人。

(3)级别3:重大活动活动参加者高峰时间到达量大于5000人。

上述两个分类标准各有优缺点,从参加人数来区分活动级别,简单易行,但可能会导致持续时间长、单位时间流量小、对交通影响不大的活动被列为重大活动。从高峰时间到达量来区分活动级别,只考虑了交通流量影响,可能导致一些参加人数很少但相对到达集中的活动被列为重大活动。

在美国威斯康星州和洛杉矶,认为参加人数大于2万人的活动为重大活动,并通过一系列指标来对重大活动进行评价分级,威斯康星州将重大活动分为5级,洛杉矶分为4级,根据不同的级别确定了相应的重大活动组织管理机构中应参与的政府部门。

南京市公安部门将重大活动规定为在公园、风景游览区、游乐园、广场、体育场馆、展览馆、公共道路、居民生活区等公共场所举办的下列活动:

(1)演唱会、音乐会等文艺活动。

(2)游园、灯会、花会、龙舟会等民间传统活动。

(3)体育比赛、民间竞技、健身气功等群众性体育活动。

(4)其他群众性文化活动及在影剧(场)院举办其经营范围之外的活动。

西宁市人民政府将重大活动规定为机关企事业单位、社会团体、其他组织及个人在广场、道路、展览馆、体育场馆、影剧院、公园、游乐园等公共场所面向社会举办的下列活动:

(1)参加人数在1000人以上的各类庆祝、庆典、集会等活动。

(2)占地1万m^2以上的产品展览、展销、艺术博览等商贸或文化活动。

(3)在可容纳1万人以上的公共场所内举办的文艺演出、体育竞赛等活动,不含影剧院的电影放映等日常性活动。

我国的重大活动定义主要从活动参与人数、活动类型、举办地点等方面做出了规定,在实际应用中具有良好的可操作性。但对于不同城市而言,其对重大活动的界定会有所差异,在明确定义时应该考虑具体城市的实际情况。

1.2.2 重大活动客流需求预测

2003 年 11 月,美国联邦公路局历时两年联络了多个科研机构和大学编写了 *Managing Travel for Planned Special Events*。该书比较系统地介绍了重大活动的申请及可行性分析、重大活动交通组织机构的成员构成及组织协调方法、重大活动交通管理规划的制定及实施等。但作为重大活动交通组织管理的工具书,该书并没有针对重大活动的交通特点,对交通管理中的关键技术展开深入研究,而更多关心的是如何规范化重大活动的交通管理程序和组织实施方法。比如,在制订交通组织管理方案时,提出以交通分配为基础,并列举了部分相应交通分配软件,而这些分配软件的基础理论大多是针对城市交通规划开发的,是否符合重大活动交通分配的特点值得商榷。

Matthew G Karlaftis 等建立了针对重大活动的交通决策支持系统和辅助公交优化模型,并在 2004 年雅典奥运会中成功应用。Phansak Sattayhatewa 等基于非集聚理论建立了重大活动中的停车选择模型,模型中的交通分配和出行分布分别应用了用户平衡和熵最大化理论。Efthymis Zagorianakos 基于可持续观点对 2004 年雅典奥运会环境影响进行了评价。Matthew G K 等利用 CORSIM 仿真软件模拟分析了某年冬奥会交通状况。Abdu,Osama Ibraheern Y 在其博士论文中对阿拉伯半岛麦加朝圣地的特殊活动进行了研究,并利用 VB 语言设计了交通模拟程序,但上述模拟程序针对性强,很难推广到其他重大活动中。美国学者 Yucheng Zhang 面向重大活动对交通的影响进行了研究,并对出行时间可靠性进行了分析。

我国的相关研究始于北京奥运会前后。2002 年在北京举行了“首届中国奥运交通论坛”“‘北京交通与奥运’百千万人才工程学术论坛”等,这些论坛为重大活动交通管理经验的交流提供了平台。其中,全永燊分析了奥运交通需求特点并提出了战略对策;于春全、王世华、刘小明、王笑京等对北京奥运智能交通系统的发展及应用提出了构想;陆锡明、袁哲明等提出了构筑一体化的绿色智能奥运交通体系;李海峰阐述了地理信息系统在奥运交通规划与管理中的应用。这些成果对北京奥运的交通规划与管理具有指导意义,但理论研究与实践还有距离。由北京工业大学负责研究的《北京奥运交通规划》,在总结国内外重大活动交通组织管理经验的基础上,对奥运会的交通需求预测、交通需求管理、交通组织管理及交通影响分析等进行了研究。但其研究成果针对性比较强,规划程序和研究理论基础主要服务于奥运交通,很难推广到其他重大活动。另外,广州市公安局交警支队和广州市交通规划研究所共同完成的《第九届全国运动会期间交通组织实施方案研究》,也同样存在上述问题。

杨军的《一种基于灰色马尔科夫的大客流实时预测模型》构建了一种基于灰色马尔科夫的大客流实时预测模型。该文以各类重大活动的历史 OD 客流数据为基础,利用灰色预测算法对客流数据建立灰色模型,然后建立马尔科夫修正模型,最后利用预测误差对灰色预测结果进行修正,得到最终的预测大客流值,并以 CBA 总决赛时五棵松篮球馆客流状况为案例开展验证,其误差可控制在20%以内。李忝的《重大活动客流监测预警方法研究》,从观众结构、时间分布、空间分布及运动性特征四个方面分析了重大活动客流的相关特性,论述了重大活动安全监测的内容与方法,确定了安全监测的重点部位。武勇彦等人的《重大活动公交客流分配方法》,以北京奥运篮球馆晚间散场公交客流分配为例,对线路客流进行了分配,与实际客流进行对比,最小误差达到 3%,基本可以满足公交调度与运营要求。北京交通大学张春辉等人,在对短时客流特性进行分析的基础上,提出了以卡尔曼滤波方法作为公交站点短时客流的预测模型,并给出了模型的求解过程。东南大学刘凯借助基于傅里叶变换的小波分析方法,构建了短时公交客流预测模型,具有较好的精度。以上研究对本书的客流预测模型的构建具有较高的参考价值。

总的来说,国外对重大活动客流预测的研究与探讨较早,也较为系统,提出了较为完善的重大活动交通需求预测的工作步骤,并在实践中采用了各种与之对应的交通管理措施,同时在疏散的路径选择、活动方案的制订和方案的评价仿真方面研究较为全面。而我国在这方面的研究相对起步较晚,最早的研究多是以 2008 年北京奥运会为研究对象展开的,缺少对重大活动交通需求预测的系统研究,存在预测精度差、模型可移植性低、应用困难等问题。

1.3 重大活动交通系统客流预测与保障方案的主要内容

特大城市重大活动交通系统客流预测与保障方案的研究,主要包括对重大活动分级的研究,对重大活动交通影响区和交通特性的研究,在对异构交通检测数据的集成感知与融合的基础上,分析重大活动的客流特性;并结合重大活动多模式客流影响因素,在对历史客流数据进行分析的基础上构建重大活动客流需求模型,包括短时性客流规模预测和基于长效服务的客流规模预测的研究,为重大活动中综合交通运行协调与保障方案研究提供数据基础。

本书共 5 章,主要介绍了重大活动分级与交通特性研究、重大活动交通系统运行监测与客流特征分析、重大活动客流规模预测研究和重大活动综合交通运

行保障方案研究。具体而言,重点针对以下内容开展:

1)重大活动分级与交通特性研究

在明确重大活动定义的基础上,从活动属性、举办时间等维度分析了重大活动的分级原则与方法;进而结合大型活动的实际举办案例,提出了大型活动的交通影响区的划分方法;在此基础上,从活动参与者、交通流以及重大活动自身三个角度梳理大型活动背景下的交通特性。

2)重大活动交通系统运行监测与客流特征分析

通过采集大规模交通系统数据的感知和分析,构建影响区内骨干路网交通运行状态(骨干路网速度、区域拥堵指数)、地面公交(运送速度、公交客流)、轨道交通(轨道断面客流、轨道进出站大客流)、出租车运行状态的监测指标计算模型,实现对大型活动组织影响区内主要交通运输方式的运行状态监测,从活动参与者聚散特性与客流刷卡数据两个角度分析了重大活动的客流特性,进而开展典型重大活动客流分布特征分析,研究其客流规模波动趋势及离散情况。

3)重大活动客流规模预测研究

结合重大活动客流影响因素及影响程度,从活动属性、宣传情况、价格、天气、节假日等多个角度分析影响因素对客流规模的影响。结合重大活动期间交通系统运行监测数据,分析各影响因素对重大活动客流规模的影响,提出重大活动各影响因素修正系数,分别基于小波分析的短时客流预测模型与持续型重大活动客流规模预测模型,为活动期间综合交通运行保障方案的研究提供基础。

4)重大活动综合交通运行保障方案研究

(1)重大活动多模式客流综合运行协调与保障方法研究

客流的集散依赖于周边多种交通方式的配合,提供高效的综合调度方案,实现多模式之间的有序配合,从而满足活动期间客流的集散需求,达到综合交通协调运行与保障效果。开展保障预案自动生成以及保障方案评估与监测两部分研究内容,重点针对保障方案中交通系统风险点的鉴别、影响区内瓶颈路段的鉴别,综合交通保障预案自动生成技术、保障方案的评估与监测等开展关键技术研究和监测评估方法研究。

(2)重大活动条件下轨道大客流传播规律与管控策略研究

以轨道交通刷卡数据和乘客出行意向调查数据为基础,研究不同轨道网络受到重大活动大客流影响的条件下,“拥挤车站”的量变和质变规律,解析由于重大活动大客流所引发的拥挤状态在网络和站点中的传播过程和影响情况,并针对不同冲击形态,提出轨道交通的大客流管控策略。

1.4 本章小结

本章阐述了在特大城市重大活动背景下,开展交通系统监测模型与客流预测方法研究的可行性和必要性,并针对特大城市重大活动综合交通应急保障、交通基础设施监测与感知、交通运输系统监测预警、交通保障与应急信息发布的业务需求,分析了重大活动的定义、分级与客流需求预测相关研究,明确了本书的主要研究内容,以期为重大活动中综合交通运行协调与保障提供良好支持。

第2章　重大活动分级与交通特性研究

为了更好地研究重大活动的客流分布规律，首先要对重大活动的定义与内涵有充分的认识。从重大活动类别、活动持续时间、活动影响区域类别和活动涉及的交通运输方式等不同角度对重大活动展开分级研究，确定重大活动的分级原则和分级方法。在此基础上，研究不同等级重大活动的交通影响区范围确定方法及原则，并选取典型重大活动划分影响区域范围，充分认识其交通特性，为后续研究重大活动交通系统客流特征提供支持。

2.1　城市重大活动概述

考虑到重大活动的举办地与活动性质的差异，因此重大活动的组织形式、交通特性与客流抵离分布会有较大区别。所以，结合活动举办地的具体实际，各个国家或地区对重大活动的定义与分类也不尽相同。

2.1.1　重大活动的定义

国外是以奥运会等大型活动为基础开始研究重大活动交通理论的。1984年，美国洛杉矶举办了第23届奥运会，研究者以此次奥运会的举办为契机，研究了大型活动交通管理的基本理论和组织方法，提出了奥运会交通组织管理的新思路。随后，美国在 *Managing Travel for Planned Special Event* 中对重大活动给出了定义，即在某一确定的区域和时段内，将引起此区域及附近交通量或交通需求出现大幅增长并降低这一区域及周边道路交通服务水平的公共活动，如文体赛事、大型会议、庆典表演等。土耳其学者 Shakibaei Shahin 在研究中提到，重大活动如重要的足球比赛、音乐会、罢工、示威和大型活动等，可能会对城市交通产生许多方面的影响，包括但不局限于交通流量、出行行为、交通需求、交通网络可靠性等。

我国有学者认为，重大活动是能为主办城市及主办国家带来高层次的旅游回报、媒体报道、城市知名度或经济影响力的活动。中南大学张楠教授从城市事件的角度定义了重大公共活动,认为重大公共活动的本质是由政府主导而主办的大型公共事务。无论奥运会、世博会或者其他重大公共活动,对于城市建设的影响是巨大而广泛的,可以说是塑造城市品牌、传播城市精神、改善城市形象、提高城市竞争力的最佳机遇。

简单地来看,重大公共活动(重大活动)可以定义为在城市中发生的,对特定的城市产生重大影响的事件。尤其强调由政府主办或政府授权主办,依靠一定的政府行政资源,在城市中举办,具有广泛影响力并有助于实现城市发展目标的重要的政治、经济、文化、体育等大型活动。

我国在《大型群众性活动安全管理条例》中将大型活动定义为:法人或其他组织面向社会大众举行的活动,参与人数大于1000人才可以划分为大型活动。首部以重大活动的安全管理为专项内容的《北京市大型社会活动安全管理条例》中,对重大活动也给出了比较明确的定义,定义了重大活动是指主办者租用、借用或者以其他形式临时占用场所、场地,面向社会公众举办的文艺演出、体育比赛、展览展销、招聘会、庙会、灯会、游园会等群体性活动。

2.1.2 重大活动的分级原则

从重大活动类别、活动持续时间、活动影响区域类别和活动涉及的交通运输方式等因素对重大活动展开分级研究,确定重大活动的分级原则和分级方法,并按照重要节假日或重大活动属性对重大活动展开分级。

重大活动主要包括大型公共活动、极端天气条件、大规模突发事件,以及重要节假日等,考虑到不同类别重大活动和交通保障的实施主体,本项目重点研究重要节假日和大型公共活动两大类重大活动,开展特大城市交通系统采集、监测和运行保障。在需求分析中考虑了两类交通保障需求的差异,以影响区域范围和持续时间长短作为分类的依据,对重大活动进行分级保障。在后续的研究工作中,可以通过构建客流需求模型,确定面向不同级别的重大活动的客流特征分析,为重大活动期间综合交通协调运行与保障奠定基础。

考虑到不同重大活动类型(大型公共活动、极端天气条件、大规模突发事件,以及重要节假日等)和不同交通保障的实施主体,本书重点研究“重要节假日”和“大型公共活动”两大类重大活动。重要节假日指区域性的交通出行需求较为集中,市内、对外交通需求明显增长的重要节假日,包括春节、清明节、五一、十一、元旦等;大型公共活动指各类在日常交通运行的基础上带来较大规模新增客流、车流集聚和需求变化的活动,包括各类政治会议、体育赛事、博览会等。

考虑重大活动类别、活动持续时间、活动影响区域类别和活动涉及的交通运输方式等因素，建立特大城市重大活动分级原则如下：

(1)针对不同的重大活动类别(重要节假日、大型公共活动等)，分别进行交通保障影响分级。

(2)重大活动对交通系统运行的影响范围不同，划分的级别不同。根据影响区的范围可将重大活动划分为局部性重大活动、区域性重大活动、全市性重大活动。

(3)重大活动交通影响持续时间不同，划分的级别不同。

(4)考虑重大活动周边的路网运行状况、轨道交通、公共交通的需求在时间、空间上发生较大变化程度，可将同一影响程度范围内的重大活动划分为同一级别。

2.1.3 重大活动分级方法

针对不同的重大活动类别分别进行交通保障影响分级，针对重要节假日、大型活动两个类型进行分级研究。

1)重要节假日

重要节假日指区域性的交通出行需求较为集中，市内、对外交通需求明显增长的重要节假日，如春节、清明节、五一、十一、元旦等。其特征为对外交通枢纽区域、部分兴趣点周边的交通需求和出行较为集中，表现出对运输资源需求非平衡的特点。重点监测对外交通枢纽周边的路网运行、出租车供给和需求、公共交通客运量、轨道客运量、轨道换乘量、枢纽客流量，以及铁路、民航、省际客运客运量等。针对重大活动中重要节假日的交通保障影响，如表2-1所示。

重要节假日的交通保障影响 表2-1

类别	持续时间	影响区域类别	示　例	相关运输方式	重点监测与协调领域
重要节假日	数天	区域型	春节、清明节前扫墓、五一等	轨道交通、公交、出租车、社会车辆、铁路、民航、长途客运	对外交通枢纽周边的路网运行、出租车供给和需求、公共交通客运量、枢纽客流量，以及对外交通客运量等

2)大型活动

大型活动是交通运行保障系统平台的重点，指各类在日常交通运行的基础上带来较大规模新增客流、车流集聚和需求变化的大型活动，包括各类政治会议、体育赛事、博览会等。根据不同的划分标准，大型活动分类方法有所不同，现有研究中主要根据以下4类标准分类。

(1)根据活动规模划分

按照活动规模划分,大型活动可分为超大规模活动,主要是指国际性大型活动,具有国际性规模,观众众多的大型活动,如世博会、奥运会等;大规模活动,主要是指国家级重大活动,能够在全国产生重要影响,观众众多的大型活动,如残运会、全运会等;一般规模活动,主要是指城市级大型活动,能够在当地产生很大影响,观众众多的大型活动。

(2)根据活动性质划分

根据活动性质,大型活动可以划分为大型运动会、大型文娱活动、游行集会、商业会展、重大政治活动,以及节日庆典等。

(3)根据活动举办持续时间划分

根据活动举办持续时间,大型活动可以划分为持续时间短的集中型大型活动,即活动开始时间和结束时间明确且集中,如演唱会、体育赛事等;持续时间长的持续型大型活动,如游园会、大型展会等。

(4)根据活动举办地点划分

根据活动举办地点,大型活动可以划分为固定场所大型活动和非固定场所大型活动。如体育场馆内举行体育赛事为固定场所大型活动,而马拉松比赛、赛车比赛则为占用道路的非固定场所大型活动。

根据交通影响范围把大型活动分为局部大型活动、区域性大型活动、全市性大型活动,大部分大型活动属于区域性和局部性大型活动。其特征为大型活动周边的路网运行状况,轨道交通、公共交通的需求在时间、空间上发生较大变化,容易形成局部的拥堵、客流集中,需要对交通运输、车流、客流进行监测和综合协调调度。重点监测与协调基础设施、路网运行、轨道交通、地面公交、旅游大巴、专线运输、客流等。由于政治会议具有交通保障的特殊性,本研究不纳入。仅将持续数小时的局部型大型文娱商贸活动纳入规模较大的大型活动。针对大型活动的交通应急保障分级如表2-2所示。

大型活动的交通应急保障分级 表2-2

序号	类别	持续时间	影响区域类别	示例	相关运输方式	重点监测与协调领域
1	短时性大型文娱活动	数小时	局部型	工人体育场、奥林匹克公园、五棵松体育馆等观众规模超过5万人的大型演出、体育比赛	轨道交通、公交(常规公交和专用接驳公交)、出租车、社会车辆	活动举办地附近的轨道交通、交车站的客流量、客流密度、断面满载率等,出租车的实时运营状态和分布情况,以及局部路网的车流量和拥堵情况

续上表

序号	类别	持续时间	影响区域类别	示例	相关运输方式	重点监测与协调领域
2	持续型展览会	数天	区域型	园博会、车展、大型房展、商业会展	轨道交通、公交(常规公交和专用接驳公交)、出租车、社会车辆	展览会所在区域范围内轨道交通、公交车站的客流量、客流密度、断面满载率等,接驳公交、出租车的实时运营状态和分布情况,以及区域路网的车流量和拥堵情况
3	持续型大型会议	数天	区域型	大型国际会议(科博会、京交会等)	轨道交通、公交、出租车、社会车辆、会议保障用车	会议所在区域范围内轨道交通、公交车站的客流量、客流密度、断面满载率、异常事件检测等,出租车的实时运营状态和分布情况,以及区域路网的交通运行状况
4	持续型全市性大型活动	数天	全市型	国庆游行、奥运会、全运会等	轨道交通、公交(常规公交和专用接驳公交)、出租车、社会车辆	全市范围内轨道交通、公交车站的客流量、客流密度、断面满载率、异常事件检测等,接驳公交、出租车的实时运营状态和分布情况,以及城市周边路网和市内路网的交通运行状况

2.2 不同等级大型活动交通影响区确定

大型活动影响时空范围研究包括对不同等级大型活动交通影响区和交通影响持续时间的确定方法研究。在特大城市大型活动分级的基础上,对各等级大型活动进行影响区和交通持续时间确定,为之后影响区内交通运输、车流、客流的监测提供时空研究范围界定。

2.2.1 交通影响区确定方法

在交通影响区影响方法分析过程中,确定研究范围的方法有定量分析法和定性分析法。定性分析主观性较强,缺少必要的理论依据,不同的分析者确定出的研究范围可能不同,因此可信度降低。定量分析方法具有较高的客观性,目前已提出的定量分析法主要有基于交通流分配的方法、圈层外推法、烟羽模型法、最长出行时间区域法及类别吸引率法等。

用圈层外推法来确定影响范围,其基本思路是先假设开发项目吸引的交通在路网上的分布不存在方向性差异(即不受出行另一端点分布位置差异的影响),然后以开发项目所在路网的位置为中心,将其周围路网划分成若干个圈层,逐圈向外推移,从而得到各路段上的交通量。最后,根据阈值指标确定影响范围的最外圈层。

烟羽模型是由协同学理论导出的,协同学把一切研究对象看成是"由组元、部分或者子系统"构成的系统,这些子系统彼此之间会通过物质、能量或信息交换等方式相互作用,整个系统将形成一种整体效应或者一种新型的结构。在系统这个层次,这种整体效应具有某种全新的性质,而这种性质可能在微观子系统层次是不具备的。协同学主要研究开放系统,即系统是怎样从原始均匀的无序态发展为有序结构,或从一种有序结构转变为另一种有序结构,是一种关于结构有序演化的理论,是关于多组分系统如何通过子系统的协同行动而导致结构有序演化的自组织理论。

类别吸引率法是依据拟开发项目日吸引客流量与外围居民出行至该项目的日出行次数相等的平衡原理,按不同功能对拟开发项目外围进行分区,并求得不同功能分区研究范围的方法。假设将拟开发项目整体作为一个质点,此质点的功能是复合的;将开发项目外围地区分成若干区域,分区由功能性质相同的质点组成,功能单一,各质点均匀分布且稳定存在;研究范围近似为最大吸引距离。

2.2.2 影响区划分依据

本研究根据大型活动的性质、类型和活动地点,以路网交通量和运行速度变化程度为依据,确定大型活动影响区的区域范围和影响时间长短。确定区域范围主要是指预测大型活动的直接影响区和间接影响区,根据具体活动可增加核心影响区、外围影响区等。交通影响区的确定是后续研究工作的基础。

根据大型活动集散客流影响的半径和范围,结合现状交通条件,重点考虑活动人数、交通出行方式、涉及路径,以及平行道路、路网相关度等因素,确定交通影响区范围划分的方法与原则如下:

(1)以活动地周围的城市快速路或主干道为备选控制界限,确定大型活动的初始影响范围。此范围可由以往的历史数据和资料确定,也可由实际的交通调查确定,或者直接以包围活动地的几条道路所组成的交叉口作为初始影响范围。

(2)大型活动的初始影响范围需要着重考虑其所在城市的城市形态、人口密度分布及参与活动人员可能的起讫点分布状况,影响范围的设置需要完全覆盖活动举办地及其周边道路。

(3)由于活动性质的不同,参加活动人员的出行结构、抵离时间及居住地都会不同。这将改变影响区的形状、范围,需要开展有针对性的分析与调研。

(4)经常性大型活动举办地影响区域划分可参考历史资料,必要时针对特定活动属性进行调整。

2.2.3 典型大型活动交通影响区划分

大型活动交通影响区的确定需综合考虑活动性质、活动规模、人员构成等多方面因素。本节列举了数项典型大型活动的交通影响区划分实例。

1)第九届中国国际园林博览会影响区范围划分

第九届中国国际园林博览会(以下简称"园博会"),展会会场"园博园"位于北京市丰台区长辛店地区,展会召开时间为2013年5月18日~2013年11月18日。此次园博会选址坐落于北京永定河畔,秉承永定河、卢沟桥、宛平城等历史文脉。园博会以"绿色交响·盛世园林"为主题,以"园林城市·美好家园"为口号,体现"和谐、创新、生态"理念,为北京建设宜居城市、发展文化创意产业带来了新的机遇。考虑到园博会的影响力和客流总规模,综合考虑周围路网情况,通过对园博会客流情况的调研分析,确定园博会园区周围公交、轨道、专线公交、旅游大巴、出租车、社会车辆的出行特征。通过调研数据,结合大型活动影响区确定原则,划分园博会影响范围,以园博园为中心,西侧以西六环为边界,北侧以阜石路为限,东侧以西二环和京开高速为边界,南侧以南五环和京良路为边界(图2-1)。

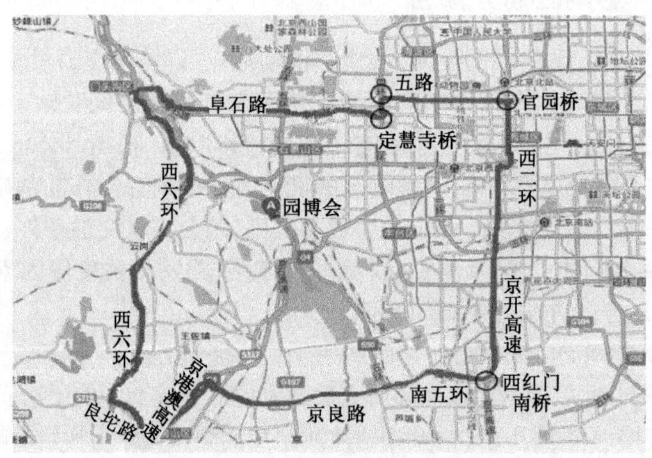

图2-1 园博会影响区范围

2)2014 年北京国际车展影响区范围划分

2014 年北京国际车展交通影响区域,东北边界紧邻东北六环,南以机场第二高速公路南段及其延长线为界,西至地铁 5 号线及其延长线(图 2-2)。该区域囊括东直门地区多个地铁换乘站,以及首都机场,基本覆盖北京车展交通影响范围。车展期间(共 10 天),新国展场馆共接待观众 106 万人次,其中绝大部分参观者是乘坐公共交通工具前往参观。

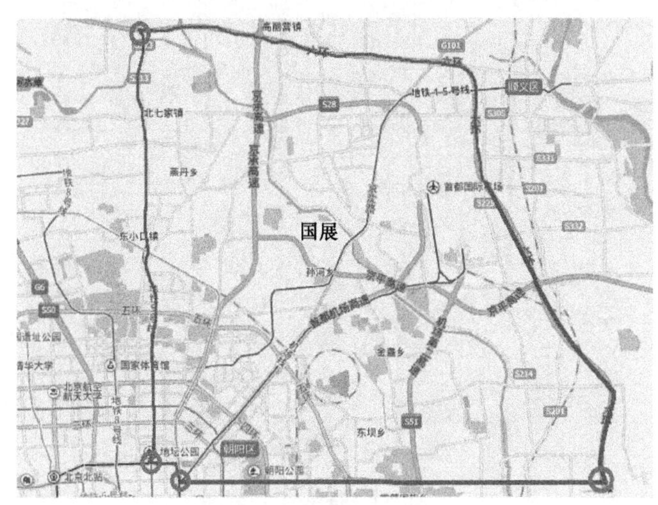

图 2-2　2014 年北京国际车展交通影响区域图

3)2015 年北京国际田联世界田径锦标赛影响区范围划分

2015 年北京国际田联世界田径锦标赛(简称田径世锦赛),由国家体育总局和北京市人民政府共同举办,2015 年 8 月 22 日 ~ 2015 年 8 月 30 日在北京举行。田径世锦赛是继 2008 年北京奥运会后,在北京举办的最大型综合性运动会,来自 200 多个国家,2000 多名运动员在 47 个项目上展开竞逐。每天日场观众平均 3.4 万人次,晚场观众平均 4.3 万人次,其中超过六成的观众乘坐公共交通前往观赛。这对北京市大型活动交通保障提出了较高要求。田径世锦赛交通影响区域见图 2-3。

4)APEC 高官会影响区范围划分

2014 年亚太经济合作组织(APEC)第三次高官会于 2014 年 8 月 6 日 ~ 2014 年 8 月 21 日在北京饭店举行,本次会议会期时间长、会议频次高、参会人数多。为做好会议交通服务保障工作,确保会场、驻地周边及途经线路道路设施完好,交通运输环境秩序良好,高标准地完成会议交通运输接待服务工作,特划分本次会议交通影响区域。本次会议期间,与会代表的数目日均约 2000 人,出行方式以私家车和大客车为主,主要活动地点以北京饭店及其周边酒店为主,相关方组织与会代表集体前往目的地,对周边交通产生一定压力,故上述地点囊括于影响区域范围内。

图 2-3　田径世锦赛交通影响区域图

考虑到组委会为有需求的与会代表提供了包括长城(八达岭、明十三陵)、颐和园、朝阳剧场、京城古风(雍和宫、国子监)、现代 798 艺术区、奥林匹克公园等景点在内的自费旅游线路,本次区域划分以二环路为边界。作为北京市区最核心的城市快速路,二环路是前往上述景点的必经之路,在会议后期承担大部分与会代表的旅游出行。

APEC 高官会交通影响区域如图 2-4 所示。该区域分为市区部分和雁栖湖会区部分,前者涵盖了水立方、国家会议中心、首都机场及驻会酒店等会议相关场地,后者覆盖了雁栖湖会区及主要交通道路,二者以大广高速公路和京密高速公路相连。

本次领导人会议交通影响区域覆盖了会议主要地点以及城市主干道,系大多数与会人员在会议期间的主要活动区域。

本次会议交通影响区域市区部分(图 2-5),南以前门大街及其东西延长线为界,西至三环路以及京新高速公路,东以机场第二高速公路为界,北抵北六环大广高速公路和京密高速公路。该区域涵盖了 APEC 会议市区内的主要会议场所。

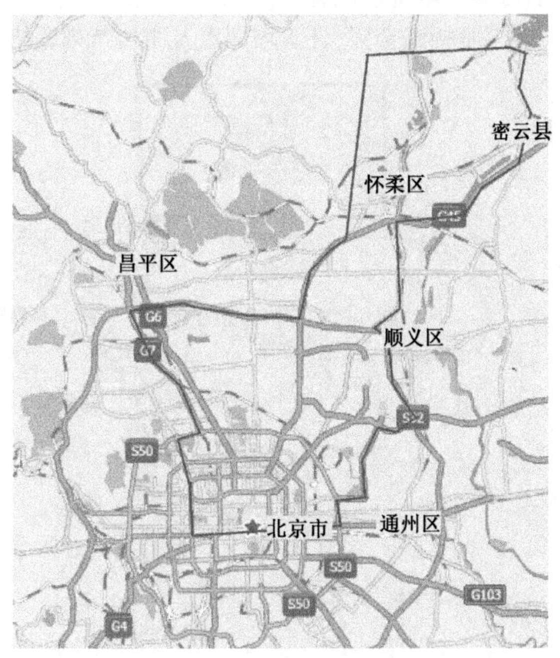

图 2-4　APEC 高官会影响范围

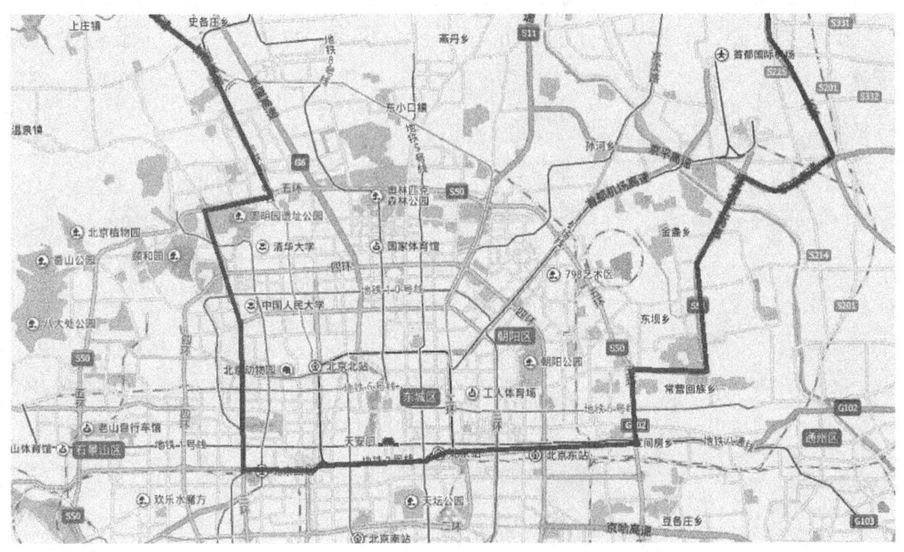

图 2-5　APEC 高官会交通影响区域市区部分

本次会议交通影响区域雁栖湖会区(图 2-6)主要以大广高速公路和京密高速公路为边界,覆盖了雁栖湖会区、怀柔城区以及主要市郊联络线。

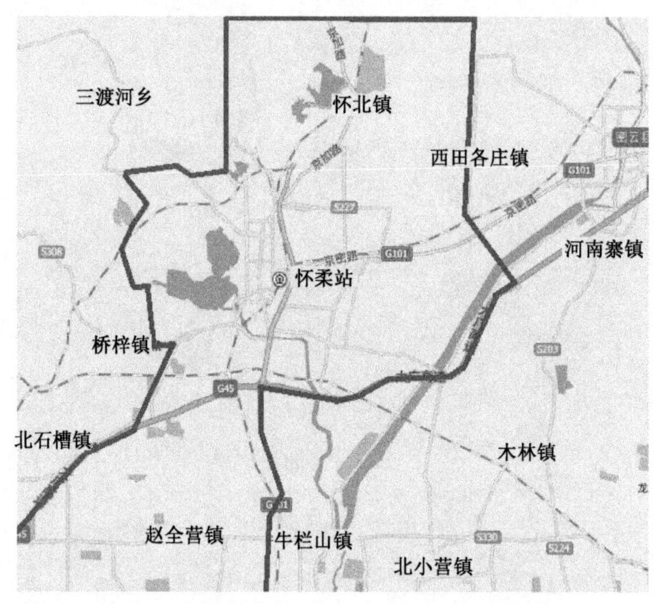

图 2-6　APEC 高官会交通影响区域雁栖湖部分

国家会议中心和水立方调度中心核心影响区(图 2-7)涵盖国家会议中心和水立方调度中心,南北边界分别为北三环及北四环,西侧边界为京藏高速公路,

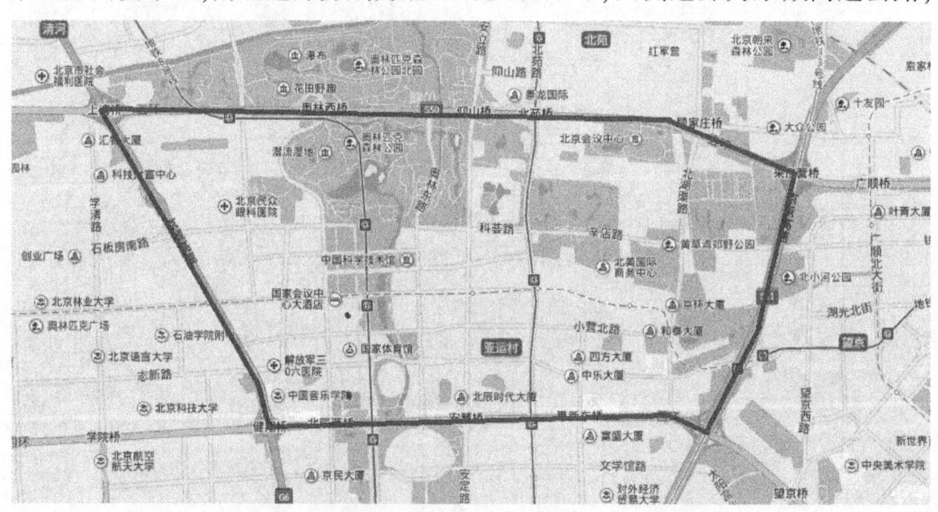

图 2-7　国家会议中心和水立方调度中心核心影响区

考虑到京承高速公路为市区通往雁栖湖会区的必经之路,故确定为东侧边界。

首都机场运行保障核心影响区(图2-8)涵盖首都机场及其周边重要环路和联络线,其边界包括机场高速公路、机场第二高速公路、京承高速公路、京平高速公路及东北六环,覆盖了与会车辆抵达市区或雁栖湖会区的主要路线。

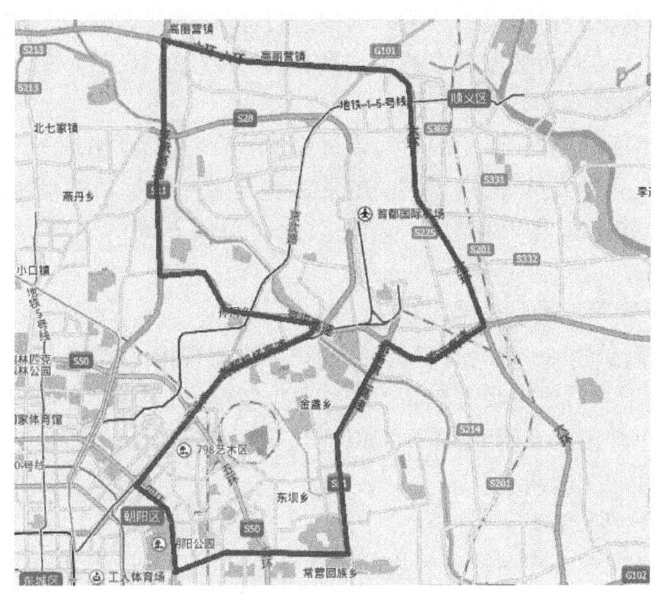

图2-8 首都机场运行保障核心影响区

2.3 大型活动交通特性分析

2.3.1 活动参与者需求特性

大型活动背景下,活动参与者交通需求具有以下特性:

(1)短时需求骤增

针对短时性大型活动,其起止时间固定,持续时间较短,活动参与者在短时间内迅速聚集和消散,由此产生远多于社会背景交通量的交通需求,并对交通影响区内的城市道路造成较大冲击。因此,可通过临时交通管理措施保证交通影响区内的交通流秩序。

(2)出行目的地单一

大型活动背景下,客流存在"多起单讫"的特点,即客流来自不同的交通小区,而终点均为大型活动的举办地。距离举办地越近,交通流压力越大。同时,活动结束时也存在“单起多讫”的特点。

(3)偶发性

由于城市举行大型活动产生交通需求的频率远远低于平常状况下的交通需求,比如足球联赛只在固定的一段时间内进行,因此与平常状况下城市的交通需求相比,大型活动期间交通需求的出现具有偶然发生的特点。

(4)出行方式多样化

城市大型活动期间,活动的参与者分为VIP贵宾、活动组织者、观众、运动员或演员、记者、后勤人员等,由于不同的活动参与者对到达活动场地的时间等有不同的要求,其出行需求存在着区别,因此会采用不同的出行方式到达活动场地。

(5)公平原则下的特殊需求优先

城市大型活动中一般会有官员、活动举办方等VIP贵宾以及媒体记者等人员的参加,由于其对出行具有较高的特殊要求,将不可避免地影响到其他一般活动参与者的正常出行。因此,需要在保证交通服务公平性的原则下,优先考虑这些具有特殊性的交通需求。

(6)可达性要求高

由于观众需要赶在活动开始之前到达场馆,因此,交通管理者需要对道路交通进行合理有效的交通管制,保证场馆周边道路的畅通,使观众能按时到场参加活动。

2.3.2 交通流特征

(1)短时间内诱增交通量大

重大活动场所周围通常会在短时间内聚集大量的观众,人流与车流混杂,存在非常巨大的诱增交通量,周边道路往往承受不了正常交通量与诱增交通量的叠加交通量,这为活动场所周围的道路造成了巨大的交通压力,也为交通管理者的工作带来了困难。此时需要更加高效的交通出行方式来承担交通运输任务,以满足大量人流集散的要求。

(2)流量、流向不均衡

由于观众交通需求的不同,使得活动场所周围道路上的交通流量、流向出现了严重不均衡的现象,不均匀系数极大。一般来说,大型活动期间的交通流具有集中聚集和消散的特点,并且大型活动散场时的人流比进场时更加集中,因此散场时对交通系统的冲击比进场时更大。如南京在举行“三国足球争霸赛”,在比赛结束散场时，主要的集散道路江东北路的离场方向高峰交通流量是相反方向的 16 倍。

(3)时空波动性明显

城市大型活动期间，交通流量的高峰像水波纹一样，随时间推移而沿着活动场所周围道路逐渐向外扩散，最终在较远的区域消失。这将导致不同大小的高峰在不同的时间出现在各个路段或交叉口，而正常情况下，城市的交通量高峰只出现在全路网上相同且较为固定的一段时间内。

(4)区域内交通供需严重不平衡

一般正常情况下，城市区域内的交通供给与需求处于一种相对平衡的状态，当举行大型活动时，交通量在短时间急剧增加，常出现“供不应求”的情况，从而打破了之前供需平衡的状态，造成区域内的交通流混乱和交通拥堵。

2.3.3　大型活动对城市交通系统的影响

(1)产生新的交通需求

大型活动极易诱发大规模客流的短时集聚与消散。由于活动规模、属性不同，这部分客流的起讫点也不尽相同。对于规模较小、客流吸引力较低的大型活动，其客流辐射区域可为乡、镇、区一级。尽管这类大型活动诱增了新的交通需求，但对城市交通系统的影响有限，不会造成大面积的交通拥塞甚至安全风险。

对于规模较大、客流吸引力较大的大型活动，如大型体育赛事、演唱会等，此类活动的客流构成往往涉及市域甚至省际客流，如此大规模的客流抵离都要在数小时之内完成，特别是客流的抵达，往往与通勤客流叠加，这部分新的交通需求对城市交通系统提出了较高的要求。

(2)减少现有交通系统的容量

城市交通系统的容量不是无限增长的。特别是对于北京这样的特大城市，城市交通系统的日常运转已经处于“准饱和”的状态。当大型活动举办时，为了保证活动影响区域内的交通供给与安全，结合具体情况会对活动举办地周围实施交通管制措施。此外，也会有针对性地安排如公交、出租车等社会资源集中于上述区域，从而满足由于大型活动客流抵离所诱发的新增交通需求。这类措施会占用或封闭周边交通设施，部分道路、车道可能出现出租车驻停揽客、公交车集中进站等情况，上述交通行为一方面为大型活动的参与者提供了额外的交通供给，另一方面严重降低了区域交通系统的运行效率，使得城市交通系统的常规交通容量明显下降。

(3)带来安全隐患

安全隐患是指大型活动期间可能产生的交通事故、人群拥挤踩踏事故、活动参与者骚乱和恐怖袭击等。在大型活动背景下,大型活动举办地属于人流密集场所。特别是当大型活动客流抵离与不利天气叠加时,更容易发生交通事故,造成人员财产损失。奥运会开幕式散场与短时性大型活动的客流抵离具有类似的性质,是人流量最大,组织最为复杂的人流集散过程。活动举办方与交通管理部门应做好应急预案的制订工作,开展多级联动,信息实时共享,保证大型活动的顺利开展。

安全、高效和经济的交通组织规划与管理是成功举办大型活动的重要保障。开展大型活动背景下客流规律的研究,从多维度提升客流预测的准确度,有助于适当调节城市交通系统、管理大型活动产生的交通需求、缓和活动期间的交通供需矛盾,在成功举办大型活动的同时减少对承办城市交通系统的不利影响。

2.4 本章小结

本章介绍了大型活动的定义,并从活动属性、举办时间等维度给出了大型活动的分级方法与原则;进而结合大型活动的实际举办案例,给出了大型活动的交通影响区的划分方法;在此基础上,从活动参与者、交通流以及大型活动自身三个角度梳理了大型活动背景下的交通特性,为后续研究奠定了基础。

第3章　大型活动交通系统运行监测与客流特征分析

从多领域构建涵盖使用者主体、监测层次、基础指标三维体系的大型活动交通运行监测指标体系，提出大型活动交通运行监测指标计算模型，实现路网综合与公共交通运行状况等重点领域动态监测，在此基础上提出大型活动客流聚散特征以及基于刷卡数据的客流规律，进而分析典型大型活动的客流时空分布特征，为大型活动客流规模预测提供支撑。

3.1　大型活动交通系统运行监测指标及模型

3.1.1　大型活动交通运行监测指标体系构建

本书结合各行业评价指标体系和国外道路管理的先进经验，兼顾交通运行监测措施改善的共性和出行模式的特征，积极吸纳一些创新性的行业评价指标和应用综合评价方法，构建出面向大型活动交通运行监测的指标体系。

特大城市大型活动交通的运行监测具有典型的三位一体的特性，即涉及多种出行方式、多个使用者主体，以及多层次的监测评价指标。以北京市为例，城市交通运行监测指标体系包含12个领域、1个跨领域指标共13类，指标内容和范围涵盖不同监测领域指标、不同类型用户指标和不同分析粒度的报告指标。

用三个级别的指标体系来表达城市交通运行监测指标的三维体系，即使用者主体、监测层次、基础指标。

根据交通运行监测与分析，对北京市轨道交通、地面公交、出租车、城市路网、高速公路、国省干线、城际交通、交通枢纽、公共自行车、铁路、民航、气象、跨领域运行等多个领域监测指标梳理分类，并构建交通运行监测指标体系。不同出行模式的特征具有较大差异。在指标体系的构建中，对于每个领域，应针对以下三个级别分别搭建监测指标体系。

(1)用户主体

指标体系的第一级别是用户主体。城市交通运行监测应该服务于不同类别的用户主体,用户类别和用户需求的差异决定了交通运行监测和评价的目标的不同。用户主体包括交通出行者、交通运营企业和行业管理部门,以及负责交通政策制定、发展规划的政府决策部门。

面向政府主管部门的监测指标实质上是发展水平的监测/评价,帮助决策部门从总体上把握行业的发展状况,对应的是设施水平的监测;面向运营管理的监测实质上是运营管理的监测/评价,监测指标能帮助行业管理部门详细了解企业经营、运营管理和交通服务的具体状况,对应的是运营管理监测;面向交通出行者的监测实质上是交通服务水平的监测/评价,指标应帮助出行者从多个角度了解交通出行的快捷程度、便利程度、可靠程度、安全程度等服务水平,对应的是服务水平监测。

(2)监测层次

指标体系的第二级别是监测层次。设施水平监测,监测层次应该包含总体状况、安全设施规模等层次的监测/评价;运营管理监测,监测层次应包含运力、运量以及轨道交通的运营安全和运营可靠性,以实现对交通运营能力、运营条件的监测评价;服务水平的监测/评价,主要反映对城市居民出行需求满足的程度,一般从交通运行的方便性、安全性、快捷性、可靠性、经济性和舒适性等方面进行评价。

(3)基础指标

指标体系的第三级别是基础指标。基础指标用来刻画某一层次指标所需要采用的具体基础指标。具体基础指标应实现城市交通运行监测定量与定性相结合、绝对与相对相结合,从时空维度监测各项指标。设施水平监测中,总体状况层次主要包括列车规模、线网密度等基础指标,安全设施规模层次主要包括站台屏蔽门安装率、安检设施覆盖率等指标;运营管理监测中,运量层次主要包括客运量、换乘量等指标,运力层次主要包括开行列车数、车辆额定载客量等指标;服务水平监测中,快捷性主要包括旅行速度、候车时间等指标,可靠性主要包括正点率、兑现率等基础指标。

特大城市大型活动综合交通运行监测指标体系总体架构如图 3-1 所示。

面向大型活动的交通保障,选取城市路网、轨道、公交、出租车等重点领域构建监测指标体系,具体的监测基础指标列于表 3-1 中。

大型活动交通运行监测模型选取重点领域的部分核心指标,提出基于现有监测数据能获得的监测模型,实现路网综合与公共交通运行状况的动态监测。

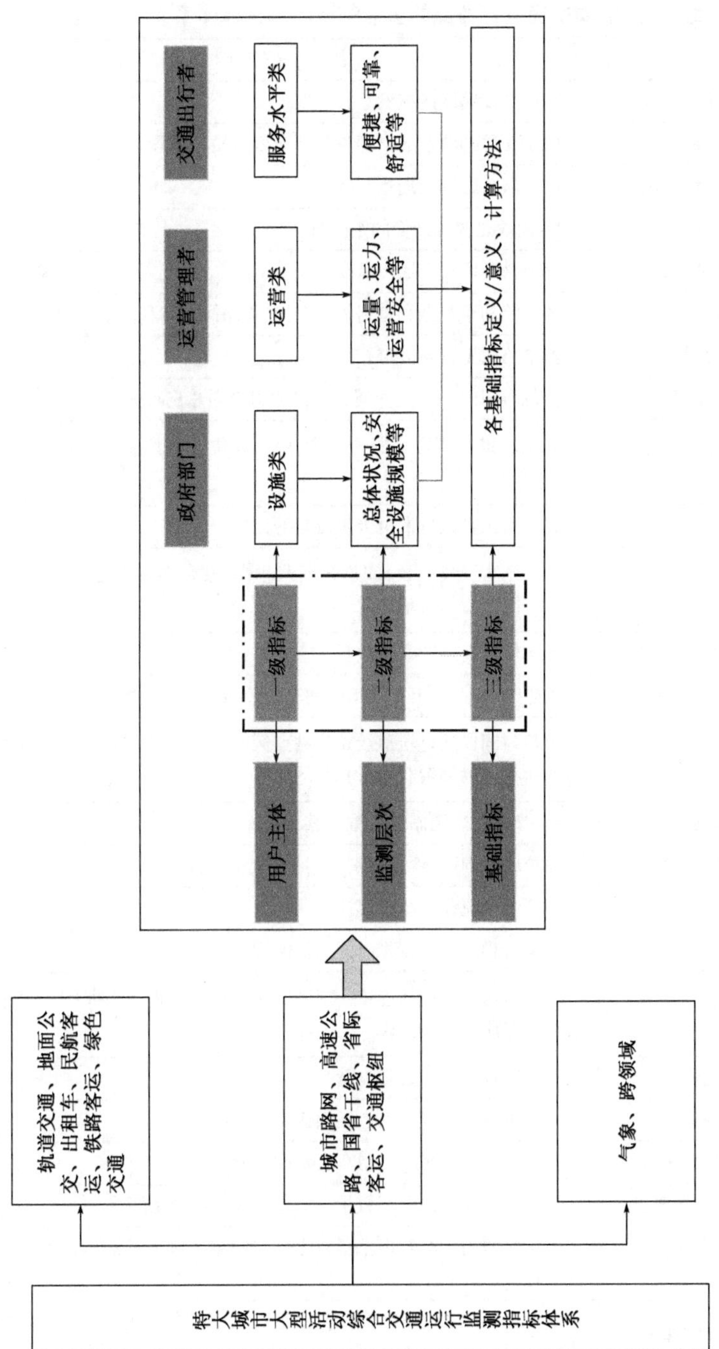

图3-1 特大城市大型活动综合交通运行监测指标体系总体架构

面向大型活动交通运行监测的重点领域监测指标体系　表 3-1

重点领域	基础指标	指标定义/意义
城市路网	路网运行速度	反映城市路网的交通运行状况
	拥堵路段	由于交通拥堵造成交通流行驶速度缓慢的路段
	拥堵持续时间	反映城市路网交通运行状态
	断面交通量	1h 内通过监测断面的车流量
	断面道路负荷度	反映该断面的交通负荷度
	路网拥堵指数	基于浮动车数据和道路等级数据,将路网拥堵程度数据化
	道路拥堵率	拥堵路段里程与区域路网总里程之比
轨道	客运量	单位时间内(一天、一周、一月)轨道交通总出行人次
	客流强度	表征轨道线网客运服务压力,轨道单位线路长度单位时间的出行人次
	高峰客流占比	高峰时段客流量占全天客流量的比例
	动态限流封站事件数	当车站客流量过大,或列车满载率高、站台滞留乘客过多时,采取动态限流封站的事件数
	影响行车事件数	影响轨道行车的事件数量
	重大延误率	发生 5min 及以上延误事件的车次数与总发车次数之比
	满载率	单位时间内通过轨道线路两站点区间的客运量与该站点区间通过的所有车辆额定载客量总和的比值
	客流密度	某一时刻,轨道站点人数与其有效面积的比值
公交	客运总量	单位时间内(一天、一周、一月)公交总出行人次
	高峰客流占比	高峰时段流量占全天客流量的比例
	运送速度	公交行程距离与行程时间的比值
	常发拥堵路段	公交运送速度值在连续一周的监测中至少有 60% 的情况下处于较低状态所对应的路段
	客流密度	单位服务面积内的客流量
	满载率	断面客流量与对应站点断面额定载客量的比值
出租车	出租车出车率	运营出租车数量与出租车总量的比值
	出租车分布密度	各交通小区域出租车数量与交通小区面积的比值
	出租车载客率	规定区域内的载客出租车数之和与规定区域内的运营出租车总数的比值
	平均载客速度	统计分析时段内,处于载客状态出租车载客距离与载客时间的比值

续上表

重点领域	基础指标	指标定义/意义
出租车	平均打车时间	乘客从某地点开始等待出租车起，到乘客坐上出租车的这段时间的平均值
	空驶出租车分布密度	区域内空驶出租车数量与区域面积的比值
	车辆预约成功率	通过电话和约车软件叫车成功的次数与出租车载客总次数的比值

特大城市大型活动交通监测指标体系的构建对于发挥特大城市(如北京市)交通运行监测调度中心功能，提升交通监测能力、服务水平的客观评价，改善交通运营管理水平、行业管理能力和信息服务水平，均具有重要意义。

3.1.2　大型活动交通运行监测指标计算模型

通过对采集的大规模交通系统数据的分析，利用公交 GPS 数据、公交 IC 卡数据、轨道 AFC 数据、出租车 GPS 数据等实时交通数据，开展基于多源交通资料的交通运行监测与质量评价。大型活动交通运行监测以关键领域为重点，给出基于现有监测数据获得的核心监测指标。

通过路网综合监测，提取拥堵指数、拥堵里程、区域运行速度等监测指标，轨道、公交、出租车运行监测分别重点提取轨道客流、满载率、站台密度，公交通道运行速度、线路运行速度，出租车出车率、重车率、分布密度等指标，实现综合路网与公共交通运行状况的动态监测。

1)道路网运行监测

在复杂交通系统中，车辆运行状况受到诸多因素的影响，当交通量增加到某一限度时，道路开始出现拥挤现象；如果交通量继续增加，道路就会经常发生堵塞，导致交通状况恶化。拥堵限制了驾驶员的选择，导致整个系统呈现出一种集态流特征。路网交通状态评价结果的科学性与指标选取密切相关，而指标量化与赖以存在的路阻函数准确性有很大的关系，路阻函数又与交通流特性模型有关。在城市道路网络中，各类交通设施的交通流特征差异很大，很难有广泛适用的交通流特性模型，从交通流整体特性研究出发，选取路网交通状态的宏观评价指标是非常必要的。本研究选取拥堵指数、道路状态参量作为监测评价指标，用于反映路网的交通服务质量。

(1)拥堵指数

交通拥堵是交通系统运转的一个组成部分，拥堵程度可以通过设定的某些阈值来判定。高峰时段易发拥堵,非高峰时段的不同区域采取的交通管制或者发生的交通事件以及非寻常的交通活动也可能导致拥堵的发生。

从交通规划的角度出发,比较理想的道路网络要素(如路段或者交叉口等)的交通状态量度指标是指出行者在网络要素上所花费的额外行程时间。假设 T_0 是车辆在该网络要素行驶所需要的最小时间的总和,超量行程时间是在要素上耗费的超出或超过自由流行程时间(T_0)的额外时间。在给定道路条件下,超量行程时间和系统延误相对应,在区域路网中系统延误也意味着整体延误,包括由车辆加减速过程造成的停驶延误。

将延误的定义由网络组成要素延展到交通网格,可以得到评价单元的行程时间测度指标。将车辆在评价区域内超出最小行程时间的超量行程时间单位化,得到单位距离的超量行程时间,即评价区域的单位距离的系统延误(d_k)。将区域 k 实际的单位距离行程时间记为 T_k,而单位距离的最小行程时间记为 T_m,则有

$$d_k = T_k - T_m$$

单位距离的系统延误是道路使用者额外时间成本的直接量度指标,适用于拥堵网络的行程时间研究和分析。浮动车数据可以用于评价区域的单位距离行程时间的延误计算。

路网系统延误与评价区域的具体道路条件、交通流量等很多因素都有关系,因此路网单位距离的系统延误可以作为某一评价单元的评价指标,但是在对不同区域进行对比研究分析时用处不大。同时,用于描述系统延误的时间单位(如 h、min、s 等)难以表征评价区域的交通状态变化。因此,本研究采用了无量纲的拥堵指数来表示评价区域的系统延误,即

$$C_{\alpha,k} = \frac{T_{\alpha,k} - T_{m,k}}{T_{m,k}}$$

其中,$T_{\alpha,k}$ 为时段 α 的路网单位距离的平均行程时间;$T_{m,k}$ 为区域 k 的双流模型参数之一,表示区域 k 的单位距离的最小平均行程时间;k 为评价单元编号。

(2)拥堵里程

拥堵里程是指处于拥堵状态的道路网长度,针对不同区域需要分别统计拥堵里程,进而根据不同区域道路网拥堵里程确定预警拥堵等级标准。

根据不同路段的车辆运行速度与不同等级道路路段拥堵临界速度对比,判断各路段的运行状态,将处于拥堵状态的不同道路等级的路段长度加权求和,即

分别求得快速路拥堵里程、主干路拥堵里程和其他等级道路拥堵里程，同时通过各等级道路拥堵里程及其高峰小时当量小汽车交通量加权计算得到各区域道路网拥堵里程。由于全路网高峰小时当量小汽车交通量不易获取，且当发生大面积交通拥堵时，路段交通量接近通行能力，因此用路段通行能力代替高峰小时当量小汽车交通量，具体计算公式如下：

$$L = l_{快} \times \frac{l_{快} \times C_{快}}{l_{快} \times C_{快} + l_{主} \times C_{主} + l_{低} \times C_{低}} + l_{主} \times \frac{l_{主} \times C_{主}}{l_{快} \times C_{快} + l_{主} \times C_{主} + l_{低} \times C_{低}} + l_{低} \times \frac{l_{低} \times C_{低}}{l_{快} \times C_{快} + l_{主} \times C_{主} + l_{低} \times C_{低}}$$

式中：　L——区域拥堵里程，km；

$l_{快}$、$l_{主}$、$l_{低}$——分别为快速路、主干路和其他等级道路的拥堵里程，km；

$C_{快}$、$C_{主}$、$C_{低}$——分别为快速路、主干路和其他等级道路的通行能力，pcu/h。

(3)区域运行速度模型

针对相同道路等级的区域运行速度计算，研究采用区间运行速度，即某道路等级的道路总长度与总运行时间的比值。同时针对不同道路等级的区域运行速度，研究在相同道路等级区域运行速度的基础上，通过道路长度及道路通行能力进行加权计算，进而获得不同区域的区域运行速度，计算公式如下：

$$v_i = \frac{l_1 + l_2 + l_3 + \cdots + l_n}{t_1 + t_2 + t_3 + \cdots + t_n}$$

$$v = v_{快} \times \frac{l_{快} \times C_{快}}{l_{快} \times C_{快} + l_{主} \times C_{主} + l_{低} \times C_{低}} + v_{主} \times \frac{l_{主} \times C_{主}}{l_{快} \times C_{快} + l_{主} \times C_{主} + l_{低} \times C_{低}} + v_{低} \times \frac{l_{低} \times C_{低}}{l_{快} \times C_{快} + l_{主} \times C_{主} + l_{低} \times C_{低}}$$

式中：　n——相同道路等级中的路段数量；

$v_{快}$、$v_{主}$、$v_{低}$——分别为快速路、主干路和其他等级道路的区域运行速度，km/h；

$l_{快}$、$l_{主}$、$l_{低}$——分别为快速路、主干路和其他等级道路的道路总长度，km；

$C_{快}$、$C_{主}$、$C_{低}$——分别为快速路、主干路和其他等级道路的通行能力，pcu/h。

2)轨道运行监测

北京地铁进出站均需刷卡，除机场线外的运营线路之间换乘不需要重新刷卡。地铁AFC刷卡数据主要包括用户卡号、进出站时间、进出站线路及网站等信息。相比于地面公交刷卡数据，地铁AFC刷卡数据对于乘客进出站时间及位置信息的记录非常完整。利用轨道 AFC 数据及轨道线网数据可实时监测轨道客流情况。

(1)轨道 AFC 刷卡资料筛选

在轨道交通 AFC 系统原始刷卡数据中,包含两种交易状态的数据,利用交易状态区位(DEAL_STATUS)进行区分,其中 DEAL_STATUS = 1 的数据仅包含刷卡进站的信息,处于交易未完成状态;DEAL_STATUS = 2 的数据包含乘客进站和出站的时间、线路、网站编号等完整信息,处于交易已完成状态,因此筛选出 DEAL_STATUS = 2 的刷卡数据。

从原始轨道交通 AFC 刷卡数据表的 37 个字段中提取:交易时间、用户卡号、进站线路号、进站车站编码、进站时间、出站线路号、出站车站编码 7 个字段的数据,建立轨道 AFC 刷卡数据有效信息表。

将轨道交通刷卡数据标记为“R”模式,形成最终的轨道交通刷卡数据预处理结果表,如表 3-2 所示。

轨道交通 AFC 刷卡数据预处理结果示例 表 3-2

交易时间	用户卡号	进站线路号	进站车站编码	进站时间	出站线路号	出站车站编码	模式
2014/3/13 6:38	21253777	2	16	2014/3/13 5:01	14	21	R
2014/3/13 5:47	88944999	2	10	2014/3/13 5:01	6	39	R
2014/3/13 6:17	65916375	5	25	2014/3/13 5:01	6	61	R
2014/3/13 6:04	61523070	2	10	2014/3/13 5:01	6	53	R
2014/3/13 6:25	67862258	95	41	2014/3/13 5:01	4	39	R

(2)轨道运行监测指标模型

①轨道站点进站/出站客流量。

该指标指大型活动期间,全网单位统计周期内进站客流量/出站客流量统计值,表示轨道站内拥挤程度和乘客滞留状况。

②轨道交通平均满载率。

该指标指轨道交通实际载客量与客位数的比值,表示轨道客位的利用程度。

$$D_{\mathrm{S}}=\frac{M_{\mathrm{R}}}{M_{0}}\times 100\%$$

式中:D_{S}——轨道交通平均满载率;

M_{R}——轨道交通实际载客量;

M_{0}——轨道交通客位数。

③轨道交通站台客流密度。

该指标指某一时刻,轨道站站台上的人数(候车人数、通行人数)与站台有效面积的比值,表征轨道交通候车站台的舒适性和安全性。

$$R_{\mathrm{S}}=\frac{L_{\mathrm{H}}+L_{\mathrm{T}}}{S_{\mathrm{E}}}$$

式中:R_{S}——轨道交通站点客流密度,人/m^2;

L_{H}——轨道站站台的候车人数;

L_{T}——站台上通行人数;

S_{E}——站台有效面积,m^2。

3)公交运行监测

公交数据包括地面公交 IC 卡刷卡数据、公交 GPS 数据、公交网站分布资料、公交线路资料、公交运营数据、手机数据等,由于这些数据源于不同的数据系统,因此首先需要将所有数据接入一个统一的交通数据库,对数据进行整合管理,从而在该数据库的基础上,实现公交便利性、快捷度、可靠度、舒适度等公共交通出行指标的提取,实现公交出行监测。

按照不同的分类,如实时监测数据、公共交通客流数据、运营车辆数据等,进行数据整合,将不同数据源的不同类型的数据按照时间、地点等时空位置信息进行统一整合。基于整合的多源数据,构建基于实时交通信息感知的交通运行监测模型,主要监测公交运行速度、通道运送速度、线路运送速度、站点客流、公交大事件等指标。

(1)地面公交运行速度计算模型

公共交通 GPS 数据不仅可以定位车辆位置,监督车辆运行状况,通过结合网站位置及运行线路信息等,也可以计算公交车辆的网站区间运送速度,作为评价公交运行状态的基础。首先通过网站位置数据,确定公交正确的网站位置及运行线路;结合公交 GPS 数据,将数据匹配到地图并进行合法性判断;进行位置匹配及异常数据的处理,计算得到公交运送速度;最后进行阈值校核及修正,完成公交 GPS 速度处理模型。具体的技术路线如图 3-2 所示。

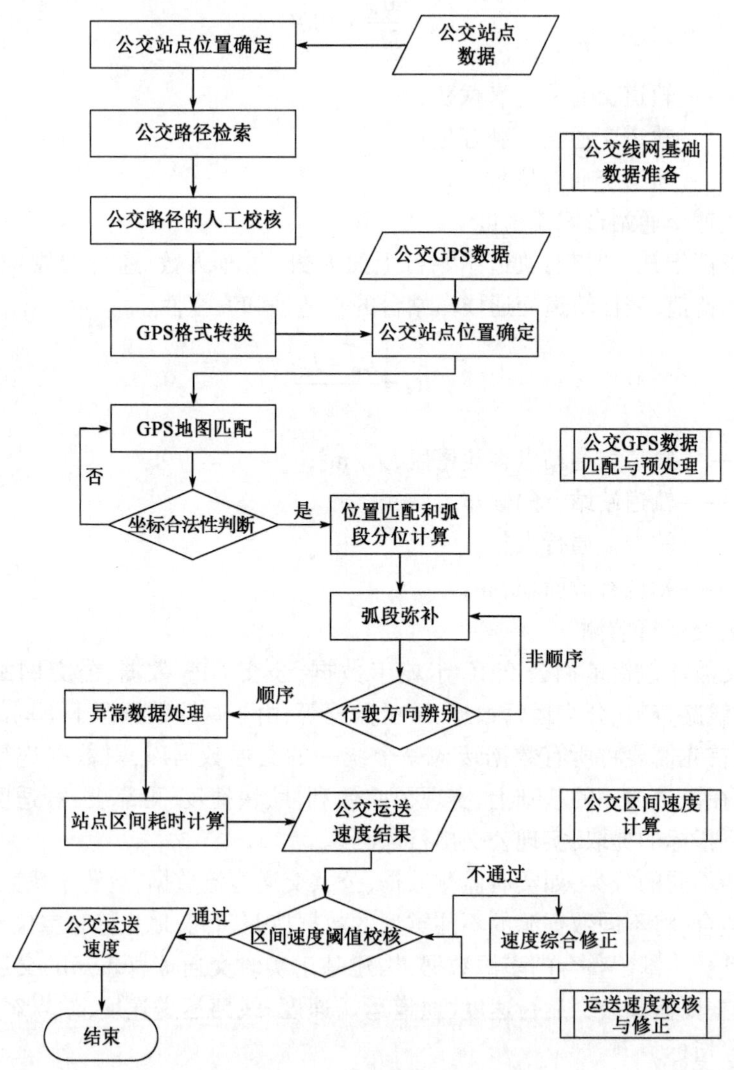

图 3-2　地面公交运送速度计算流程

(2)通道公交运送速度计算模型

按照线路号、高峰时段[工作日取早高峰(7:00～9:00)/晚高峰(17:00～19:00)、休息日取早高峰(10:00～12:00)/晚高峰(16:00～18:00)]、主要通道内所包含的网站区间等条件,从数据表中提取满足条件的所有车次的站点区间数据,计算通道公交运送速度。

$$v_{\mathrm{T}}=\frac{\sum_{i=1}^{n}S_i}{\sum_{i=1}^{n}T_i}\times 3.6$$

式中：v_{T}——通道公交运送速度；

S_i——公交车次 i 在通道上的行驶距离；

T_i——公交车次 i 在通道上的行驶时间；

n——通道上总车次数。

(3)公交线路运送速度计算模型

基于每个车次的站点区间公交运送速度，计算同一线路的不同车次在同一站点区间上的算术平均值，从而得到各公交线路在每个站点区间的公交运送速度，计算公式为：

$$v_{\mathrm{S}}=\frac{\sum_{i=1}^{n}v_i}{n}$$

式中：v_{S}——公交线路 L 某站点区间的运送速度；

v_i——公交线路 L 车次 i 在某站点区间的运送速度；

n——公交线路 L 在某站点区间的车次数。

以站点区间长度为权值，计算公交线路途经的各网站区间公交运送速度的加权平均值，即为公交线路运送速度。

站点区间权重值：

$$W_{\mathrm{S}_i}=\frac{D_{\mathrm{S}_i}}{D_{\mathrm{L}}}$$

式中：W_{S_i}——站点区间 i 的权重值；

D_{S_i}——站点区间 i 的长度；

D_{L}——线路 L 的里程。

则公交线路的运送速度计算公式为：

$$v_{\mathrm{L}}=\sum_{i=1}^{n}v_{\mathrm{S}_i}\times W_{\mathrm{S}_i}$$

式中：v_{L}——公交线路运送速度；

v_{S_i}——公交线路网站区间 i 的运送速度；

n ——纳入计算的公交线路站点区间个数。

4)出租车运行监测

基于出租车 GPS 数据的出租车运行指标提取，建立了出租车出车率、出租车时空分布、出租车载客率等出租车运行指标的计算模型及出租车基础运营指标的分析模型。

(1)出车率计算模型

5min 出车率是指当前 5min 内大样本库中正在运营的出租车的数量与大样本库出租车总数的比值。5min 内大样本库中的车辆,有 GPS 资料回传的出租车即认为此出租车正在运营。

5min 出租车出车率计算公式如下:

$$D_5 = \frac{N_{5o}}{N_B}$$

式中:D_5——5min 出车率;

N_{5o}——5min 内大样本库中运营的车辆数,辆;

N_B——大样本库的车辆数,辆。

高峰出车率是在早高峰时期和晚高峰时期运营的出租车数量与出租车总数的比值。在早高峰或晚高峰时间段内,持续 40min 速度为零并且位移小于 1km 即为没有出车(两站一场的车辆除外),反之则为出车。其中工作日早高峰为 7:00~9:00,晚高峰为 17:00~19:00;节假日早高峰为 10:00~12:00,晚高峰为 16:00~18:00。结合行业每日更新的审批库数据得到出租车企业的"总车辆数""单班车数""双班车数"和"实际双班率"。最后通过以下公式得到相应的出车指标。

$$基准车辆数 = (单班车数 \times 0.5) + 双班车数$$

$$理论峰值出车率 = \frac{总车辆数 \times 0.88}{基准车辆数}$$

$$早高峰或晚高峰出车比例 = \frac{早高峰或晚高峰出租车出车数}{基准车辆数}$$

$$高峰出车比例 = \frac{高峰出租车出车数}{基准车辆数}$$

$$出车率 = \frac{出车比例}{理论峰值出车率}$$

(2)重车率计算模型

5min 区域出租车重车率是指当前 5min 本交通小区内有载客的出租车数量与区域内运营出租车总数的比值。利用小样本库中的数据计算。

5min 区域出租车重车率的计算公式如下:

$$L_{5a} = \frac{N_{5a}}{N_o}$$

式中：L_{5a}——5min 区域出租车重车率；

N_{5a}——5min 区域内载客的出租车数量，辆；

N_o——区域内运营出租车的车辆数，辆。

(3)分布密度计算模型

重点区域空驶出租车的分布密度间接反映了区域内的打车难易程度，比如空驶车辆分布密度越低，表明该区域打车较难，需要引起监管部门的关注，及时进行出租车指挥调度。

5min 重点区域空驶出租车分布密度的计算公式如下：

$$DE_{5a} = \frac{NE_{5a} \times a}{A}$$

式中：DE_{5a}——5min 重点区域空驶出租车分布密度，辆/km^2；

NE_{5a}——5min 区域内小样本库中空驶的出租车数量，辆；

a——扩样系数，即从小样本库车辆数扩充到全样本时所乘系数；

A——区域面积。

通过采集大规模交通系统数据的感知，实现对大型活动组织影响区内主要交通运输方式的运行状态监测，为研究人流聚集—消散的时空特性、人流与其他交通方式转换的聚集—消散特性及车流的聚集—消散特性奠定基础。

3.2 大型活动客流特性

3.2.1 活动参与者聚散特性

通过大量学者对不同类型活动下客流时空分布特征的研究分析，总结出大型活动的参与者具有如下特性，为本研究内容提供了参考作用。

(1)客流时间分布差异性

从时间上来看，大型活动客流进入和离开场馆的特点不同。在大型活动即将开始时观众运动速度较快，而在结束时则较慢。以大型比赛为例，在进入场馆时，人群以顺利达到座位为目标，一般来说，流量强度较强，持续时间较长且分散；而在比赛结束后，相对于进场，流量强度更强，持续时间较短但是更为集中。在同一场馆举办的大型活动，散场客流集中到达车站的时间较一致。结合从互联网上查询的比赛结束时间，发现散场客流到达周边站点的客流高峰时间约为活动结束后 30min 左右。

(2)客流分布不均衡性

举办场所各个入口的不同特点，如交通设施的便捷性、主要服务的客流性质等会影响到客流的分布，包括入口的选择倾向性和到达规律。一般而言，配套设施便捷、展览内容丰富的入口吸引的客流更多，在客流量增大时，附加在这些入口的客流量更加明显。

(3)客流具有短时冲击性

一些重要交通节点具有交通短时积聚、消散的特点。日常城市运行过程中，在一些换乘点、重要交通节点，高峰时间内会出现出行者聚集的情况，但是高峰相对平缓。大型活动期间，活动举办场所吸引人流大，集合疏散时间短，这就必然造成在短时间内大量出行者集中在活动场所附近区域，相应的，在区域附近的重要交通节点，也会受到短时强烈冲击。

由于大型活动的客流峰值主要出现在活动开始与结束，即客流集聚与消散的过程，因此本节将主要讨论这两个过程中的客流变化规律。

1)观众抵达特征规律分析

大型活动起止时间与活动场所固定，尤其短时性大型活动，其活动时长相对较短，在活动开始前后到达现场的观众，具有相似的进场规律。大型活动期间交通影响区域的客流需求计算方法如下：

$$D = S + O + T$$

其中，D 为大型活动社会交通需求（大型活动期间该区域的客流需求量）；S 为社会背景交通需求；O 为大型活动交通需求（大型活动引发的交通需求）；T 为特殊大型活动背景下，地面交通采用 TDM（交通需求管理）措施而转移的交通量。

对于社会背景交通需求 $S = h_0(t)$，目前已经有较为系统的预测方法，通常主要从社会经济、人口、机动车保有量、居民出行特征等角度进行分析。也可根据历史数据确定大型活动期间该站点可能的背景交通需求。以在乐视生态中心举办的短时性大型活动为例，根据活动场地周围影响区内公交和轨道客流数据，按上述公式可以推算出观众抵达场馆流量随时间的变化规律。如图 3-3 所示。

资料显示，该活动于当日 19:00 正式开始。16:30 前后，客流量出现异于常态客流的明显增长，客流分布呈现先上升后回落的特点，且上升的速率小于回落的速率。客流高峰于 18:00 前后出现，即活动正式开始前一小时左右。活动开始后仍有部分观众陆续抵达。

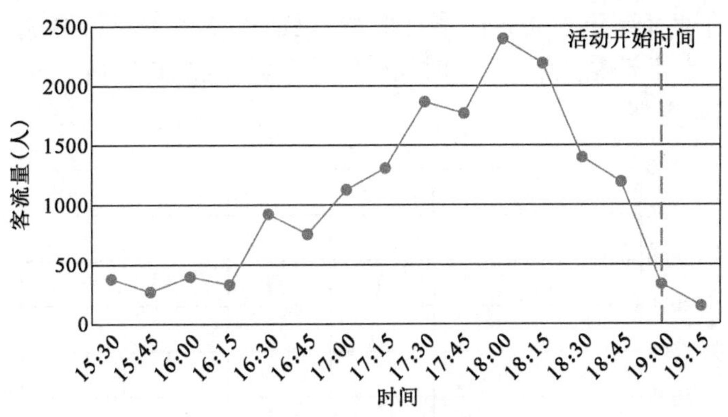

图 3-3 抵达客流时间分布

由图 3-4 可以看出，大型活动进场阶段，观众的累计客流曲线呈现单调上升趋势，至活动开始时刻，累计客流流量接近 100%。此外，该阶段客流与下班通勤客流叠加，对城市交通系统的冲击更大。

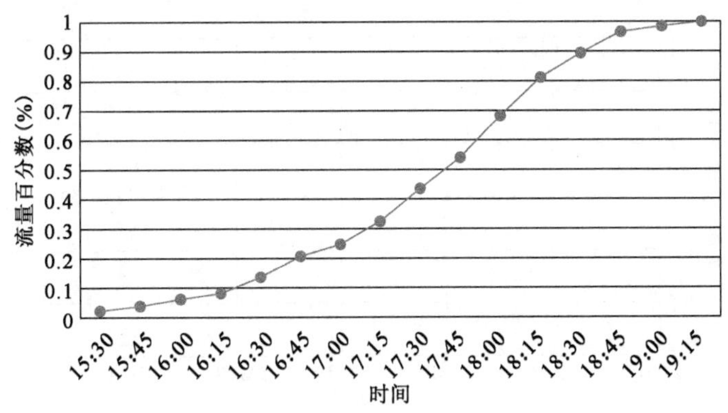

图 3-4 抵达客流累计频率分布

2）观众离场特征规律分析

与观众抵达特征规律分析类似，通过公式剔除背景交通量后，可得到活动场地周围影响区内公交和轨道客流数据，如图 3-5 所示。数据统计时间为活动散场前后该区域内客流情况。数据显示，客流抵达附近站点乘坐相应交通工具离开活动现场的密集程度，较抵达时明显增加，客流峰值亦有所上涨，涨幅接近 30%。客流量在较短时间内迅速迎来峰值，半小时后恢复正常客流水平。然而，客流总数较活动开始时有所下降，降幅明显。这表明，由于活动散场时时间较晚，部分客流量可能转移至出租车、专车等服务水平较高、速度更快的交通方式。

由图 3-6 可以看出，大型活动散场阶段，观众的累计客流曲线呈现单调上升趋势，且上升速率高于进场客流累计曲线，至活动结束 1h 后，客流疏导基本完毕。这表明，在活动结束后，由于时间较晚等因素，观众离场强度更为集中，对公交系统的需求更高。

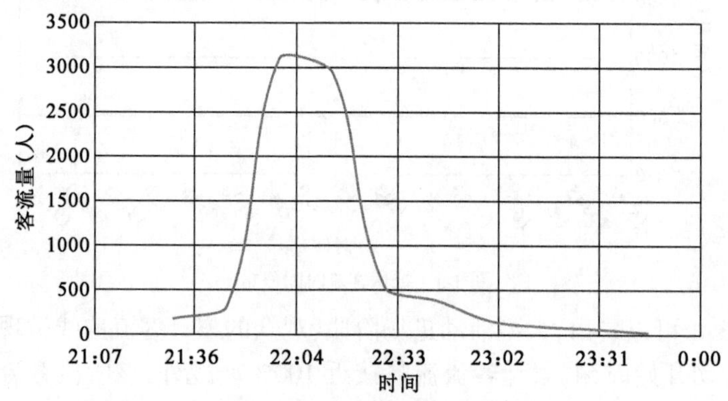

图 3-5　散场客流时间分布

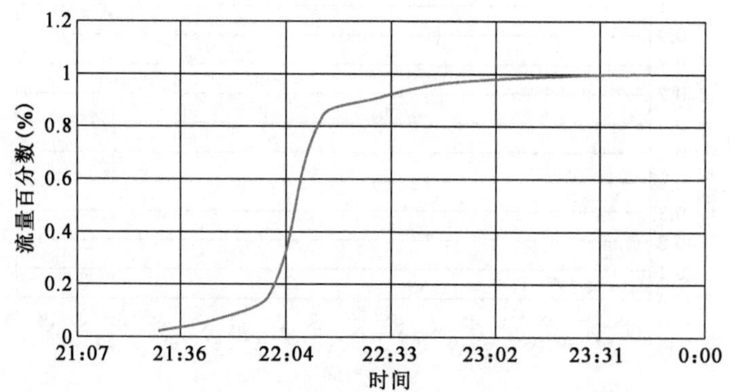

图 3-6　散场客流累计频率分布

3）大型活动背景下客流到场规律

通过 SPSS 检验客流数据符合正态分布标准，观众自公交站点抵达场馆的客流量随时间分布服从正态分布。其概率密度函数如下：

$$p(t) = c \cdot \frac{1}{\sqrt{2\pi}\sigma} \cdot e^{\frac{-(t-\mu)^2}{2\sigma^2}}$$

式中：c——活动散场总人数；

σ——待定系数；

μ——待定系数，由观众离场持续时间决定。

对于同一场馆举办的大型活动而言，其观众抵达场馆所遵循的规律基本相同。客流抵达高峰时间为活动开始前1.5～2h，至活动开始后15min结束，呈现缓慢上升，快速下降的客流趋势。根据活动规模不同，客流抵达时间长度有所不同。

一般大型活动的举办地周围，均设立公交或轨道交通站点。特别地，在大型活动举办的实际过程中，交通管理部门往往会对距离场馆路途较近的站点实施封闭管理，从而保证活动场馆周围公共交通站点距离场馆的距离基本一致，以避免大量客流涌向某一个站点而造成的不安全因素。在这一背景下，观众需要步行一段距离才能抵达场馆，而观众步行的速度与道路阻抗成为影响观众抵达场馆的影响因素。

假设观众花费 t 时间，自站点步行 Lm 后，抵达场馆的概率为 P。在此假设下，观众的步行速度 v 需要满足 $v \geqslant L/t$ 才可以在时间 t 内抵达场馆，如图3-7所示。则可以得到观众步行概率分布函数：

$$F(T)=P(t \leqslant T)=P\left(v \geqslant \frac{L}{t}\right)=1-\int_{-\infty}^{\frac{L}{t}} \frac{1}{\sqrt{2\pi}\sigma} \cdot \mathrm{e}^{\frac{(v-\mu)2}{2\sigma^2}} \mathrm{d}x$$

在此基础上，对上式求导得到 t 的概率密度函数：

$$f(t)=\frac{\mathrm{d}[F(t)]}{\mathrm{d}t}=\frac{1}{\sqrt{2\pi}\sigma t^2} \cdot \mathrm{e}^{\frac{\left(\frac{L}{t}-\mu\right)^2}{2\sigma^2}}$$

假设观众选择地面交通（或轨道交通）前往场馆的概率为 P，观众在 T_1 时刻自站点出发，经过时间 T_2-T_1 后抵达场馆，则其密度函数为 $p \cdot \rho(T_1) \cdot f(T_2-T_1)$，即可得到在 T 时刻，观众自站点步行前往场馆的观众人数：

$$Q(T)=p \cdot \int_{-\infty}^{T} \rho(T_1) \cdot f(T-t)\mathrm{d}t=p \cdot \int_{-\infty}^{T} \rho(t) \frac{1}{\sqrt{2\pi}\sigma(T-t)^2} \cdot \mathrm{e}^{\frac{\left(\frac{L}{T-t}-\mu\right)^2}{2\sigma^2}} \mathrm{d}t$$

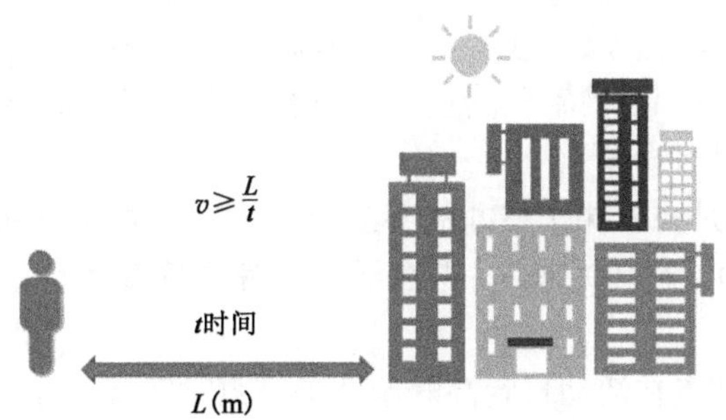

图3-7　观众抵达场馆过程示意

3.2.2 基于刷卡数据的客流特征分析

传统依靠交通大调查的调查结果分析的客流规律,存在样本少、精度低等一系列弊端。充分发挥公交刷卡大数据的潜在价值,能有效分析大型活动周边站点的客流规律。

1)数据基础与处理方案

通过公交、轨道系统的刷卡数据可以获得公交线路的车辆位置、客流登降等数据。具体数据包括线路名称、车辆位置(经纬度)、登降量等信息。

在数据应用之前,需要先对原始数据进行预处理,主要包括以下工作:

(1)错误数据的剔除

在 GPS 原始数据中,存在一定比例的错误数据,比如行程时间或距离明显偏大或偏小、经纬度信息偏移等,需要在数据应用之前剔除这类错误数据。

(2)缺漏信息的处理

由于刷卡设备自身或地理环境等因素造成的刷卡信息缺漏,如刷卡信息缺失或登降量明显异常等,可根据缺漏程度做不同处理。对于少量缺漏,可根据前后数据情况对数据做相应填补;对于大量数据缺漏,则需剔除以保证结果的可靠性。

(3)相关字段筛选与数据整理

①公交数据。

从原始公交 IC 卡刷卡数据的 24 个字段中提取有效字段的数据,建立公交有效刷卡数据表。在此基础上,从个体的非集计特征中提取出活动地点周围线路的线路—站点维度的集计特征,为后续分析大型活动客流规律奠定基础。

②轨道数据。

从原始轨道交通 AFC 刷卡数据表的 37 个字段中提取有效字段的数据,建立轨道 AFC 刷卡数据有效信息表。在此基础上,从个体的非集计特征中提取出以站点为研究对象的集计特征,为后续分析客流规律奠定基础。

2)区域客流特征分析

以 2016 年 4 月在五棵松举办的某演唱会为抵离客流研究案例。活动举办时间为当日 19:30~22:00。该站点在活动日晚高峰至活动结束时的客流统计如图 3-8 所示。

图 3-8 为该站点在活动日晚高峰至活动结束时客流统计。进站量与出站量均为通勤客流与大型活动客流的叠加结果。从图中可以看出,进站高峰先于出站高峰,并于 20:00 前后消散。然而,22:00 前后,进站曲线出现另一个小高峰,

即活动散场的客流峰值。考虑到该活动无明显的交通需求管理措施，故 $T=0$。根据该站点工作日历史客流数据均值可得到社会背景交通需求 $S=h_0(t)$，如图 3-9所示。

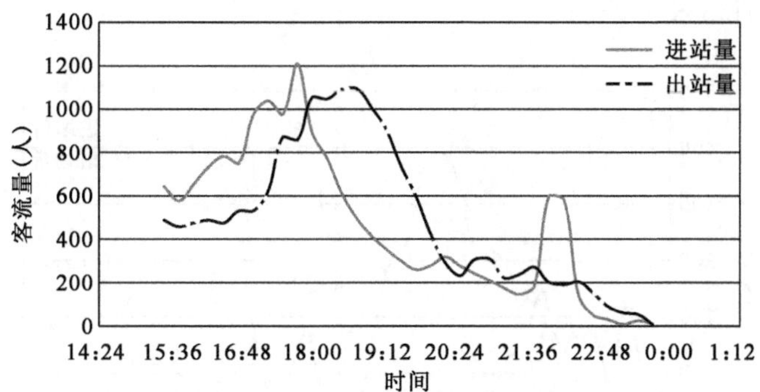

图 3-8　大型活动期间该站点的客流需求量

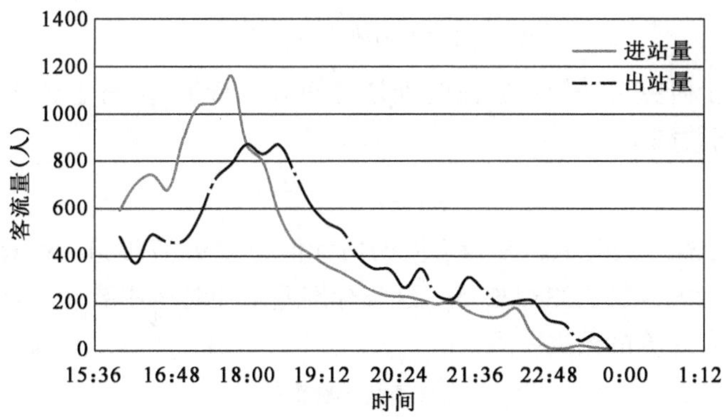

图 3-9　大型活动期间该站点的背景客流需求量

在工作日，该站点进站客流高峰先于出站高峰，且进站客流峰值明显高于出站高峰，这与通勤客流的时间分布特征基本一致。20:00 后客流量呈单调递减趋势。根据公式 $D=S+O+T$ 可反推大型活动交通需求 O。如图 3-10 所示，图中线条表示在活动日晚高峰至活动结束时该站点的大型活动交通需求。历史数据显示，常态社会交通需求与社会背景交通需求做差相减时，超过 85% 客流数据均小于 100，因此，在一段时间内几个连续的观测数据均大于 100 人次时则记为大型活动交通需求 O。

通过图 3-10 不难看出，对于演唱会一类非长效性服务的大型活动，即活动中的观众有固定的到达与散场时间的大型活动，其客流抵离分布呈现不同特征。

抵达客流高峰相对较低，抵达客流最大值略低于散场客流高峰的最大值，其客流高峰自活动开始时间前1.5h左右开始，至活动开始后15min左右结束，持续时间更长。散场客流峰值较高，持续时间较短，自活动结束前后开始，至活动结束后半小时左右结束。

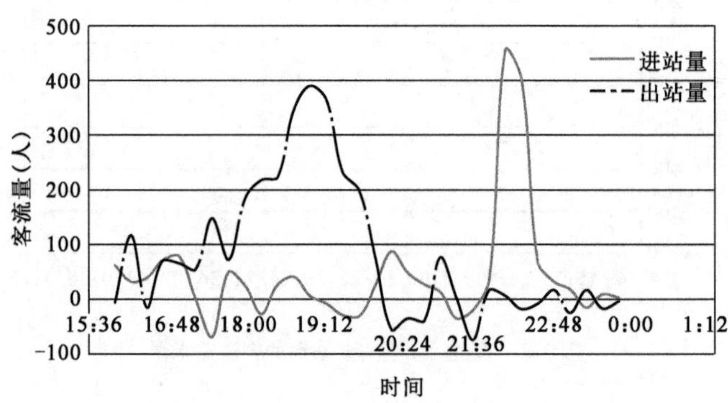

图3-10　大型活动引发的交通需求

为进一步研究活动散场客流的到站时间分布特征，可将上述曲线分布进行拟合，拟合函数如下：

$$f(x)=a\cdot e^{\frac{-(x-b)2}{2c^2}}$$

结果(表3-3)表明抵达高峰均值的估计值为269.3750，其置信度为95%的置信区间为(200.4235,338.3265)，这与标准差未知时运用数理统计公式和查T分布临界值表计算的结果一致。

拟合函数参数取值　　表3-3

参　数	抵达高峰	散场高峰
a	269.4	429.5
b	105	30
c	82.5	37.5
a置信区间	200.4～338.3	92.8～766.2
c置信区间	54.5～167.9	e+0.3(0～1.2)

同样地，散场高峰均值的估计值为429.5000，其置信度为95%的置信区间为(92.7856,766.2144)，标准差的估计值为37.4767，其置信度为95%的置信区间为(e+0.3)×(0.0167,1.1959)。

此类大型活动散场时轨道交通所承载的客流量小于观众抵达时轨道交通所

承载的客流量。若用 $f(x)$、$h(x)$ 分别表示轨道交通抵达客流与散场客流分布，m、n 分别表示抵达高峰的起止时间，p、q 分别表示散场高峰的起止时间，则满足下列关系：

$$\int_{n}^{m} f(x)\,\mathrm{d}x > \int_{q}^{p} h(x)\,\mathrm{d}x$$

3）时空影响特征分析

为了更好地探究大型活动背景下，客流抵达对城市交通系统的时空影响，特选取典型线路刷卡数据做特征分析。选取北京市公交 1 路作为研究对象。北京市公交 1 路西起北京老山公交场站，终点为北京四惠枢纽站，主线沿长安街行驶，属于分段计价有人售票线路。途中共经过老山公交场站、老山南路东口、地铁五棵松站等 27 个站点，其中经停的沙沟路口西站是距离五棵松体育馆最近的站点之一。

初步数据分析表明，当五棵松体育馆举办大型活动时，该线路承载了大量的地面公交客运需求。经过初步的数据筛选，确定了自老山公交场站起，至翠微路口南站 10 个站点作为研究对象，分析大型活动背景下的客流特征。

刷卡数据为 2016 年 4 月在五棵松体育馆举办的某演唱会，活动参与者客流与通勤客流叠加，是大型活动客流构成的典型样态。图 3-11 采用三维坐标系，x 轴为时间轴，标记了自活动开始前至活动结束后的 35 个观测组；y 轴为空间轴，每个坐标代表一个站点，其中“0”表示起点站老山公交场站，“10”表示 1 路公交的第十站翠微路口南站，距离五棵松体育馆最近的沙沟路口西站的坐标为“4”；

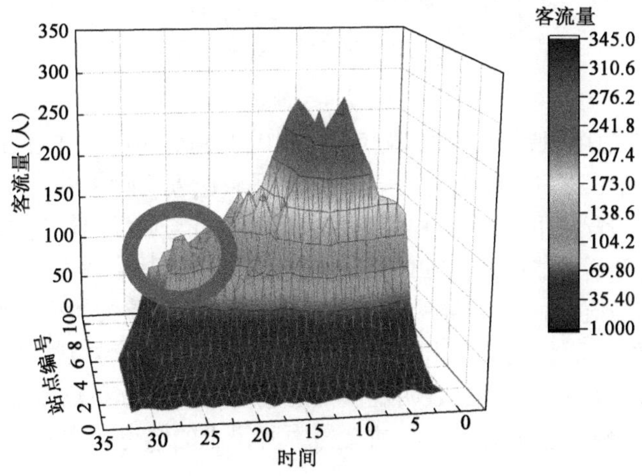

图 3-11　基于刷卡数据的大型活动客流时空影响分布

z 轴为客流量,单位为人。

图 3-11 中,随着 y 值的增大,z 值也相伴随有增大的趋势。这说明距离市中心更近的站点,该站的客流登降量也相应更大。这与我们的日常认知是一致的。从时间维度上看,第一个客流高峰出现在(10,y,z)附近。这期间,通勤客流与大型活动客流叠加,从而得到了客流峰值。特别是在站点 4 附近,客流量取到最大值。考虑到通勤客流与大型活动客流叠加,图中难以分析客流抵达的特征。

另一个客流高峰出现在(26,y,z)附近,如图 3-11 中圆圈标记部分。该峰值明显高于这一时段附近站点的客流量,客流构成以大型活动散场客流为主。

为了更好地探究大型活动背景下的客流时空影响,在图 3-11 的基础上剥离临近一周中工作日的客流均值,确定数据样本中"大型活动的举办"是唯一变量,从而得到以大型活动客流为主题的客流时空影响图,如图 3-12 所示。

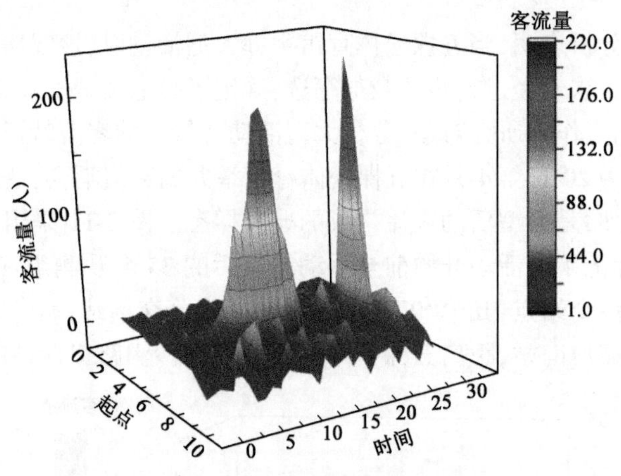

图 3-12　大型活动引发的客流时空分布

从图 3-12 中可以看出,除去站点 4 在(10,4,z)、(26,4,z)附近的客流峰值外,其余各个站点的客流波动均处于较低水平。这表明除去站点 4,其他各站在大型活动举办的背景下,其客流构成仍然以日常出行与通勤出行为主,该站的登降量基本不受大型活动影响。而在站点 4,即距离五棵松体育馆最近的沙沟路口西站处出现客流峰值,由于变量唯一,可以判定上述客流主要为大型活动的参与者。

此外,波峰的形状也呈现出明显的特点,即客流抵达时波峰相对短而粗壮,而客流离场时波峰长而纤细,表明观众抵达现场的时间分布较为分散,而离场的时间更加集中,峰值也更大。这与前文当中所得出的结论基本一致。

4)大型活动散场客流生成表示方法

通过上述分析得到大型活动交通需求随时间分布 $O=f_0(t)$。

$$f_0(t)=\frac{a}{\sqrt{2\pi}\sigma}\cdot e^{\frac{-(t-\mu)^2}{2\sigma^2}}$$

式中，a 为未知参数，与大型活动客流规模有关，可通过历史数据或售票情况确定。

根据确定的 $O=f_0(t)$ 与根据历史客流数据均值得到的社会背景交通需求 $S=h_0(t)$，可确定待预测的大型活动社会交通需求 D^*，即

$$D^*=S+O+T$$

在综合历史数据与客流规模的基础上，可以对一次性大型活动客流随时间分布做出预测，为交通资源供给提供参考。

根据上述结论，选择五棵松体育馆 4 月 23 日的大型活动作为验证对象，对大型活动散场客流生成表示方法展开验证。该活动与前文中提到的大型活动类似，参与人数规模约为 1 万人，于当日 19:30 开始，22:00 结束，故参数 a 取 1。其中，进场高峰客流加载于 17:30 ~ 19:15，散场高峰客流加载于 22:00 ~ 22:30。得到的客流预测值与实际值如图 3-13 所示。

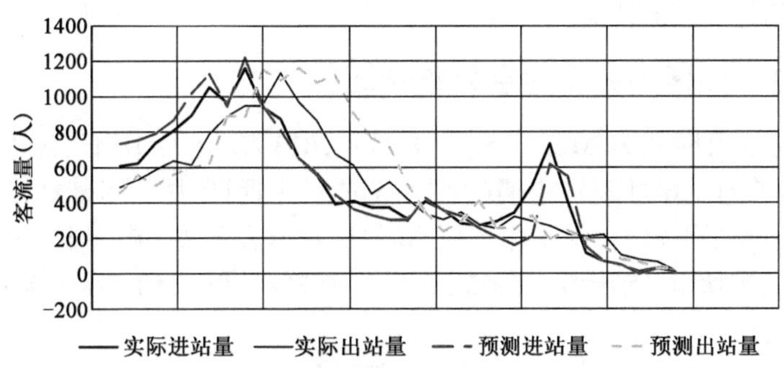

图 3-13　大型活动交通需求实际值与预测值对比

地铁五棵松站在该活动日当天的进出站分布如图 3-13 所示。图中实线代表活动当天的实际客流情况，虚线代表预测的客流情况。进场时，即出站客流的预测值略高于实际客流值，散场时客流预测值与实际值基本一致。

从表 3-4 可以看出，在该时间段内，模型测算数据和实地调查数据的大体走势相同，但在个体数值上存在差异性。将上述客流数据统计结果进行 T 检验分析，进站量差异性显著的检验值为 0.968 > 0.05，出站量预测值较实际值偏高，差异性显著的检验值为 0.1388 > 0.05，处于可接受区间，即实地调查数据和模型测算结果无显著性差异，模型测算结果有效。

样本检验数据——成对样本检验　表 3-4

	均值	标准差	均值的标准误差	差分的 95% 置信区间	
				下限	上限
实际进站量-预测进站量	0.62500	88.57173	15.65742	-31.30851	32.55851
	t	df	Sig.(双侧)		
	0.040	31	0.968		

造成这种偏差的可能原因:第一,由于活动种类不同,活动所对应的参与人群属性有所差异,这种差异,如年龄、对活动的重视程度以及粉丝活动等,会对客流抵离时间造成影响;第二,不同活动对应的客流主体出行结构选择有所不同,故会对客流集聚时间产生影响。

3.3 典型大型活动客流时空分布特征分析

分析典型活动客流时空分布特征是构建客流需求模型的基础。通过多维度的历史数据分析,研究典型大型活动客流月变、周变、日变规律。选取了近年来在北京市举办的有一定影响力及规模,且数据质量较好的大型活动,分析其客流量的波动趋势及离散情况。

3.3.1 园博会客流时空分布特征

园博会召开时间为 2013 年 5 月 18 日 ~2013 年 11 月 18 日,约 180 天。分为初期(开幕日 ~6 月底)、中期(7 月 ~8 月)、末期(9 月 ~ 闭幕日)三个阶段。每阶段均涵盖了平日(正常工作日)、高峰日(周末及各类主题节日)和极端高峰日(端午节、中秋节、国庆节、开幕式日),客流总规模约 1100 万人次,属于区域型的展览会。

园博会交通运行监测与保障系统实现了各种交通运输方式客流数据、车辆运行状况数据和路网运行状况数据的动态接入与监测。针对园博会每日客流量的分析数据获取于园博会期间,全程 180 天每日客流的历史统计数据。周客流数据如图 3-14 所示。

本研究将园博会全部的开放日划分为三个阶段,即"开幕阶段""平稳阶段"以及"闭幕阶段"。其划分时间点及依据如下:"开幕阶段"为 5 月 18 日开幕日 ~6 月 14 日,即端午节所在周周末,为园博会的起始期;"平稳阶段"为 6 月 15 日 ~9 月 7 日,即"大黄鸭"展出前一日,为园博会开放中期;9 月 8 日 ~11 月 18 日为"闭幕阶段",为园博会的客流高峰期,也是活动末期。

从园博会客流量的分布特征来看,园博会客流呈现以下特征:

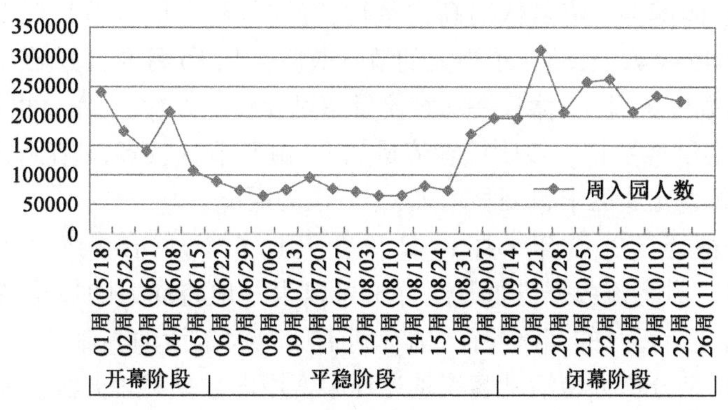

图3-14 园博会每周入园人数的变化图(单位:人)

(1)园博会活动期间,客流情况呈现明显的周期性,周期长度为7天。其中,在一般周期内,即无特殊节日周内,双休日客流明显高于工作日,呈现出正V形或正L形趋势。

(2)在"开幕阶段",园博会游客数量适中。考虑到园博会刚刚开幕,首周日均客流高位运行,并且起伏不大,平均每日客流约为35000人次,特别是开幕首日,客流达到44000人次,为本阶段非特殊节日客流首位。次周起客流数据有所下降,但双休日的客流数据仍然较高,其中周日客流较周六有所降低,降幅约20%。适逢双休日和儿童节重叠,单日客流在6月1日达到一个高点,此后低位运行,直到端午节小长假。端午节三天,总的参观人数超过了11万人次,为本阶段最高值。小长假结束后,客流状况发生明显回落,继续低位运行,平稳过渡至下一阶段。在该阶段,客流总量适中,节假日客流上升明显。

(3)进入"平稳阶段"后,园博会客流一直维持较低状态,且单周客流走势呈现明显的"L"字形,即周六客流量最高,周日略低,周一客流量达到一个极小值的状态,之后每天都会有所回升。"平稳阶段"期间,最低客流为7月15日的2996人次,最高客流为7月20日的37442人次。该阶段客流较少,周末客流较平日有小幅上升。

(4)所谓"闭幕阶段",亦可称为园博会的"高峰阶段"。该阶段的首个自办活动为霍夫曼的"大黄鸭"展出。客观地讲,"大黄鸭"的到来很大程度上对园博会起到了很好的宣传作用。"大黄鸭"在园博会展出的两周时间中,园博会客流量较前两周激增264080人次,增长率达170%。另外,"大黄鸭"展出的第二周周末适逢中秋节,该日则创造了北京园博会全程最高的单日客流量,达到了81335人次,几乎相当于"平稳阶段"中一整周的客流总量。9月下旬,"大黄鸭"

展出结束,而园博会客流量依旧高位运行,特别是到了国庆节长假期间,7 天共接待游客 354949 人次,凸显了强大的节日效应。从 10 月 8 日开始,周末人数都会出现较大幅度上升,双休日平均客流量超过 60000 人次,工作日也能维持超过 20000 人次的游客数量。该阶段客流量加大,由于节日较多,非工作日的客流增幅明显,对周边交通需求也明显增加,客流压力明显。

北京园博会自 2013 年 5 月 18 日开幕,历时 6 个月,有持续时间长、客流波动大等特点。对客流数据进行月度分析可以很好地将庞大的数据按时间分组,便于考察园博会每月的客流特征,也有利于反映大型活动客流随展出时间推进的变化规律,是分析大型活动客流量过程中常用的数据处理方法。

1)园博会月度客流总体变化规律

表 3-5 是按照月份统计的每月客流统计特征。从该表客流均值可见,客流走势呈现明显的 U 形走势,存在明显的波峰波谷。其中,首月和末月,即 5 月和 11 月,为不完整月。这再一次显示出园博会客流的阶段性特征,即第一个月为“开幕阶段”,在此阶段,由于园博会的前期宣传效应,加之游客对园博会的新鲜感,这段时间客流人数较多。第二阶段为中期阶段,随着游客对园博会的新鲜感逐渐消失,加之天气炎热,6 ~ 8 月的园博会客流量总体较低,不如预期。第三阶段为“高峰阶段”,这时展期即将结束,园博会自办活动增多,加之天气转凉,因而人数通常较多。

园博会客流月度客流均值统计 表 3-5

月份	5 月	6 月	7 月	8 月	9 月	10 月	11 月
均值(人次)	31946	19306	10672	10720	43872	37190	33932
中位数(人次)	29556	13527	8124	8781	22326	31971	19983
总和(人次)	415299	579191	330832	332321	1316162	1152893	610784
天数	13	30	31	31	30	31	18

2)园博会月度客流波动程度规律

从统计分析特征(表 3-6)来看,5 ~ 11 月的最大客流值依次为 4.4 万人次、6.6 万人次、3.7 万人次、2.7 万人次、41.9 万人次、7.4 万人次,以及 7.2 万人次。其中,前两个月,也就是以第一阶段为主的 5 月和 6 月,客流最大值处于同一水平;以第二阶段为主体的 7 月、8 月、9 月三个月客流最大值相似,其中 9 月份数值较大;属于“高峰阶段”的后两个月客流值最大。

从最小值来看,5 月最小客流为 1.4 万人次,6 月为 0.7 万人次,7 月为 0.3 万人次,8 月为 0.5 万人次,9 月为 0.3 万人次,10 月为 1 万人次,11 月 1.2 万人次。其中5月为一个小量级,6～9月为一个小量级,5月、9月、10月、11月为一个中等的量级。

园博会客流离散程度统计特征 表3-6

月份	5月	6月	7月	8月	9月	10月	11月
最大值(人次)	44130	66527	37442	27727	419016	74911	72861
最小值(人次)	14263	7160	2996	5026	3272	10608	12677
标准差(人次)	8392	14570	6953	6045	74738	19279	24214
观察值(天)	13	30	31	31	30	31	18

从标准差来看,9月的标准差较大,为7.47万人次,6月、10月、11月分别为1.4万人次、1.9万人次和2.4万人次,属于同一水准,5月、7月、8月的标准差分别为0.8万人次、0.7万人次以及0.6万人次,属于较低水平。这说明,9月的客流波动幅度最大,6月、10月、11月的客流波动较大,其余月份的客流波动幅度较小,显示了园博会客流的阶段性特征。

从月度客流总和来看,5月总共有41万游客进入园博园,6月有58万人次的客流,7月为33万人次,8月为33万人次,9月为131万人次,10月为115万人次,11月为61万人次。这再次表明,前两个月是客流的初级阶段,中间两个月为中期阶段,最后三个月为高峰阶段,与之前阶段划分的结果相一致。

客流标准差与客流总和关系如图3-15所示,呈现明显的相似性,即随着客流量的增加,标准差也随之增加,且两者曲线形状类似。这说明客流量越大,客流的波动效应越明显,对于客流保障工作的要求也就越高。

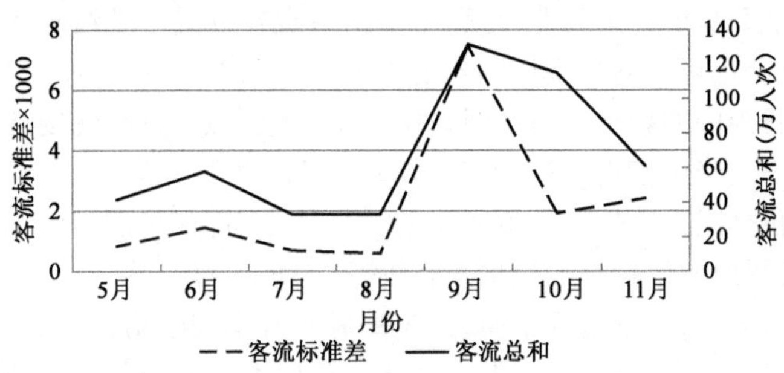

图3-15 客流标准差与客流总和关系图

3.3.2 车展客流时空分布特征

2014年4月20日～2014年4月29日,2014北京国际车展在中国国际展览中心顺义区新国展举办,零部件展在中国国际展览中心静安庄展馆举办。在此期间,新国展场馆共接待观众106万人次,平均每天接待10万余人次,其中参展商3万余人,中外记者1.5万余名;历时10天,其中4月20日为媒体日,21日、22日为专业日,23日~29日为公众日。公众开放日开放时间原则上为9:00~17:00,属于区域性的展览会。

作为世界规模最大的国际性汽车展览会之一,本届车展普通日门票定价为50元,与往年持平。相比四大车展当中的日内瓦车展16瑞士法郎(约合人民币111元)的门票价格,北美国际车展16美元(约合人民币100元)的门票价格,北京车展价格较低,其定价策略更符合当地居民的消费水平,吸引了更多的参观者前往参观,一定程度上促进了客流量的上升。具体客流分布如图3-16所示。

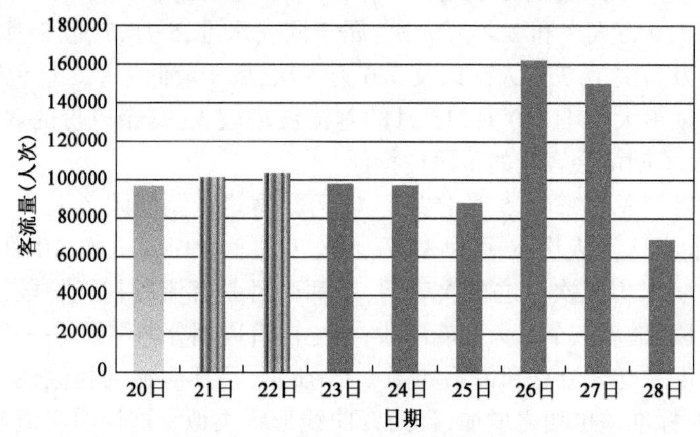

图3-16　北京2014年度车展客流统计

本届车展开幕前三天为非公众日,门票指定发放或售卖给媒体或其他专业人士,普通观众也可以通过现场购票的方式进入国展参观,门票价格为100元。由于非公众日当中的新车发布及明星站台等特色自办活动,现场有部分普通观众选择于这三天当中参观。这表明持续型大型活动中优秀的自办活动可以一定程度上冲抵价格因素所带来的负面影响。另一方面,有些游客为了避开公众日的参观高峰,更愿意以较高的价格参观车展。

气象资料显示,北京地区于4月25日局部有小到中雨,这在一定程度上可能会对客流量造成一定影响,但考虑到北京车展为室内展览,且时间短,参观强度大等特点,该因素未外化出明显的影响。

节假日是影响客流量的另一种重要因素,车展开幕期间共经历休假日三天,分别为20日、26日及27日,其中20日为媒体日,参观者多为事先在主办方处登记的媒体记者,而26日与27日为公众日。这两天的客流量比展出前日有明显增长,且第二日会比前一日有所降低,降幅在10% ~20%。

3.3.3 香山“红叶节”客流时空分布特征

香山“红叶节”是北京市每年举办的重点群众性大型活动,一般于每年10月中旬开幕,持续时间约一个月。红叶节期间,香山周边及地铁4号线北宫门站都会产生较大的交通压力,本节将以地铁4号线客流数据为基础展开客流分析,见表3-7。

红叶节期间地铁4号线客流量总量统计(单位:人次) 表3-7

平均数	最大值	最小值	离散系数
933685	1022593	839867	0.0499

在香山红叶节举办期间,北京地铁4号线呈现出规律的周期性分布,每7天为一个周期,其中以周五的客流量最多,周六、周日客流量递减,其余每天客流量分布较为平均,见表3-8。

组统计量 表3-8

日期属性		N	均值	标准差	均值的标准误差
进站量	工作日	16	29733	2031.967	507.992
	双休日	8	38617	5072.488	1793.395
出站量	工作日	16	24828	1920.269	480.067
	双休日	8	34222	4970.921	1757.486

红叶节期间,距离赏红叶较近的西苑站和北宫门站,进出站乘客明显增多,以红叶节开幕后的首个周末为例,2个车站进出站客流近23万人次,其中北宫门站进出站客流比平日增长近60%,西苑站进出站客流比平日增长约35%,最高时段客流增幅达70%。

红叶节期间北宫门站的总客流达到156万人次,每日平均客流6.5万人次;最高客流是10月22日和10月29日,客流量分别达到8.6万人次和8.5万人次。红叶节期间每逢周末,北宫门站上午8:00~12:00是出站高峰时期,出站客流量每小时达到6000人以上;下午14:00~20:00是进站高峰时期,客流量每小时达到5200人以上。晚高峰持续时间较长,10月29日进站高峰一直持续到21:00。

此外,该站点进出站客流呈明显周期性分布,当置信度小于0.05时具有显著性差异,表明客流量强度在工作日和双休日有明显不同,见表3-9。

独立样本检验　　表 3-9

<table>
<tr><th colspan="2" rowspan="3">项　目</th><th colspan="2">方差方程的 Levene 检验</th><th colspan="7">均值方程的 t 检验</th></tr>
<tr><th rowspan="2">F</th><th rowspan="2">Sig.</th><th rowspan="2">t</th><th rowspan="2">df</th><th rowspan="2">Sig.（双侧）</th><th rowspan="2">均值差值</th><th rowspan="2">标准误差值</th><th colspan="2">差分的 95% 置信区间</th></tr>
<tr><th>下限</th><th>上限</th></tr>
<tr><td rowspan="2">进站量</td><td>假设方差相等</td><td rowspan="2">7.695</td><td rowspan="2">0.011</td><td>-6.185</td><td>22</td><td>0.000</td><td>-8883.500</td><td>1436.272</td><td>-11862.146</td><td>-5904.854</td></tr>
<tr><td>假设方差不相等</td><td>-4.766</td><td>8.144</td><td>0.001</td><td>-8883.500</td><td>1863.953</td><td>-13168.602</td><td>-4598.398</td></tr>
<tr><td rowspan="2">出站量</td><td>假设方差相等</td><td rowspan="2">14.472</td><td rowspan="2">0.001</td><td>-6.735</td><td>22</td><td>0.000</td><td>-9394.000</td><td>1394.842</td><td>-12286.725</td><td>-6501.275</td></tr>
<tr><td>假设方差不相等</td><td>-5.156</td><td>8.063</td><td>0.001</td><td>-9394.000</td><td>1821.873</td><td>-13589.574</td><td>-5198.426</td></tr>
</table>

3.3.4　花博会客流时空分布特征

第七届中国花卉博览会于 2009 年 9 月 26 日 ~ 2009 年 10 月 5 日在北京市顺义区举行，活动期间共吸引了来自全国各地的百万余名游客，是当年北京市的大型活动。

由于花博会开幕时间与国庆长假有部分重叠，这使得 10 月 2 日 ~ 10 月 4 日的花博会客流达到峰值（图 3-17），其中 10 月 4 日当天花博会接待游客 23 万人，为其开幕期间的最大值，而客流最小值出现在 9 月 26 日，即花博会开幕首日，客流量为 6 万人。总体而言，由于涉及长假因素，花博会举办期间客流波动较大，离散系数达到 0.40。

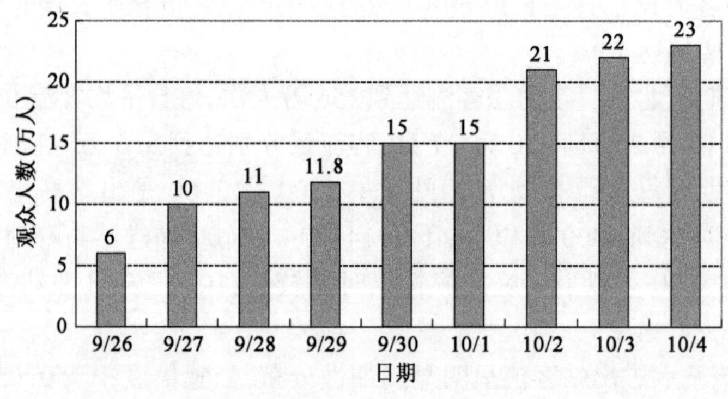

图 3-17　花博会每日观众人数

公交运输方面，与之前的活动类似，花博会也开设了专门的花博会专线公交以疏导客流。活动开幕伊始，专线公交所承载的客流比例较低，维持在30%左右，而进入国庆节长假第二日起，专线公交的客流比例有明显增长，超过了50%。见图3-18。

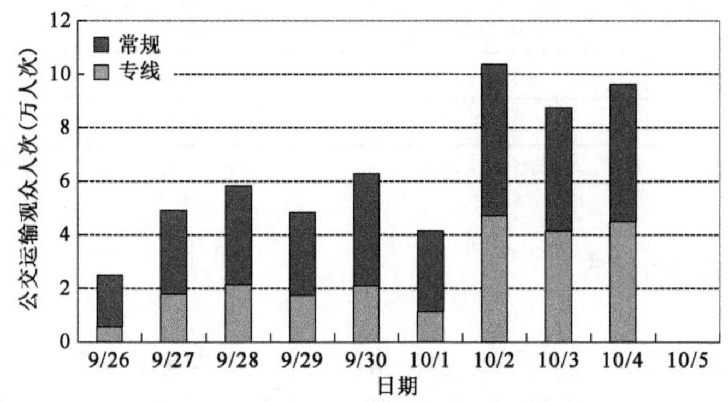

图3-18　花博会每日公交运输观众人次

平均每天有接近14000辆私家车停放在指定停车场。其中，停放量最大值出现在国庆节期间，即10月4日，当天共有26500辆私家车在此停放；最小值为开幕首日的6900辆。见图3-19。

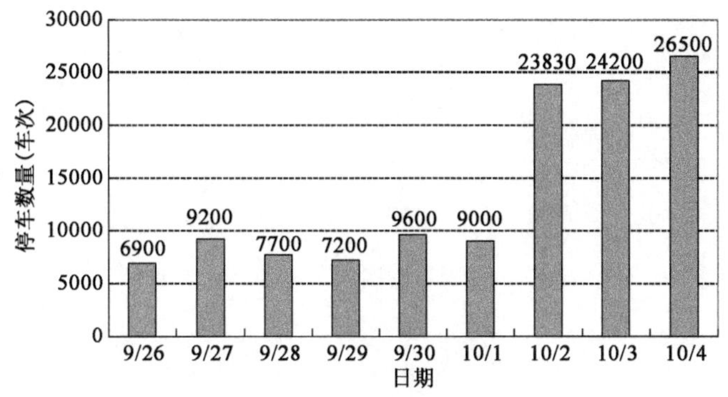

图3-19　花博会每日停车数量

此外，汽车停放数量与客流量在0.01水平上呈显著相关性，这表明停车数量与客流量存在一定的比例关系。就花博会客流数据而言，每万人次客流对应需要近8000个车位，这对于主办方的停车保障工作有很好的参考价值。相关分析见表3-10。

相关性分析　　表3-10

项目		客流量	停车场停放量
客流量	Pearson 相关性	1	0.920*
	显著性(双侧)		0.000
	N	9	9
停车场停放量	Pearson 相关性	0.920*	1
	显著性(双侧)	0.000	
	N	9	9

注:*表明在0.01水平(双侧)上显著相关。

3.4 本章小结

本章从用户主体、监测层次、基础指标三个层次构建了大型活动交通运行监测指标体系,提出交通监测运行具体的指标模型。并分析了活动参与者聚散特征及基于刷卡数据的客流特征。以典型大型活动为案例,开展客流时空分布特征分析,研究典型大型活动客流规模的月变、周变、日变规律,分析其波动趋势及离散情况。

第4章　大型活动的客流规模预测研究

通过考虑天气、节假日、自办活动、价格等影响因素对客流规模及公交系统运力的影响，对大型活动客流总体规模和各交通方式的客流占比情况作中长期预测，量化各影响因素对不同等级大型活动客流规模和客流结构的影响程度。在历史数据分析的基础上，构建特大城市短时性重大活动及持续活动客流规模预测模型。

4.1　影响因素分析

4.1.1　短时性大型活动客流影响因素分析

大型活动的客流受诸多因素影响，总体可以分为活动属性因素（内因）与客观因素（外因）两大类。其中，内因为活动本身的原因，比如活动性质、区位因素等；外因是指活动举办期间，包括气候、社会因素等在内的，对活动客流水平造成影响的外部因素。具体如下：

(1)活动性质

活动性质属于活动属性因素。例如，短时性大型活动种类繁多，包括以演唱会等为主的文艺活动，以篮球赛、足球赛为主的体育活动，以产品发布为主的商业类活动等。不同性质的大型活动面向的客流群体及其规模也不尽相同。

(2)活动地点

活动举办区位往往对其交通方式构成产生重要影响。在公共交通系统水平较高的城市中心区，活动参与者采用公交方式的比例较高，而在城市边缘地带等公共交通可达性差的地区，活动参与者更多地采用小汽车出行。活动地点属于活动属性因素。

(3)活动宣传水平

通过适当的宣传活动，比如媒体广告、主题活动等形式，提升大型活动的网络热度与知名度,以吸引更多观众。活动宣传水平对大型活动的客流水平造成较大影响,是需要重点考虑的因素,属于活动属性因素。

(4)天气状况

天气对室外活动的客流情况造成显著的影响,对于持续性大型活动与现场购票的短时性大型活动而言,这种影响程度更为显著。降水强度的不同对客流量的影响有明显差异,降水强度越大,客流量减少越明显。对于预约购票的大型活动,特殊天气不会对客流水平造成过多影响,却对特殊天气下的交通系统应急保障提出更高要求。天气状况属于客观因素。

(5)节假日

对于大型活动而言,双休日和法定节假日通常会出现较大幅度的客流增长。这一特性在现场购票的短时性大型活动中更明显。不同日期属性条件下,即工作日、双休日、节假日条件下,大型活动客流的变化特征及规律呈现不同的特点,不同等级节假日对客流总体人数的影响程度也不相同。节假日属于客观因素。

4.1.2 持续型大型活动影响因素分析

对于持续型大型活动,由于其时间跨度长、参与人数多等特点,影响其客流分布的因素也很复杂。主要包括活动属性、天气、节假日等因素。

1)活动属性因素

大型活动的活动属性因素是影响大型活动客流量的重要因素,包括以下三个方面:

(1)大型活动宣传力度情况

宣传工作是大型活动吸引客流的关键环节。目前,国内大型活动宣传主要以传统媒体宣传和新媒体宣传两种方式展现。其中,传统媒体包括报纸、杂志等印刷类宣传,以公交地铁为载体的车体站点广告,电视广播类多媒体宣传等;新媒体包括微博微信等网络宣传。不同的宣传方式所针对的受众群体也不尽相同。

(2)门票价格

价格因素涉及参观的出行成本,属于比较敏感的客流影响因素之一,会对大型活动总体客流规模造成较大影响。通常,门票价格水平的上升会带来主办方收入的增高,同时会使得游客参观意愿下降,最终导致客流量降低。

(3)公交成本

大型活动的举办都会借助现有的公交或地铁线路和大型活动背景下开设的临时公交专线作为疏导客流的重要途径。城市公共交通通常显示出较强的公益性。而大型活动主办方设置的公交专线通常连接活动举办地和附近公交地铁站点,且更倾向于商业性的运营模式。二者的这种特性决定了它们的定价差异,而价格杠杆的作用使得价格较高的运营线路客流量会低于价格较低的线路,从而导致高价线路不能充分发挥其运输效能。

2)气候因素

有关气候舒适度评价研究已有40多年的历史,早在1966年特吉旺(W. H. Terjung)就提出了气候舒适性指数(Comfort Index)的概念,1973年奥利佛(J. E. Oliver)在裸露试验的基础上建立了寒冷指数(WCI),加拿大气象局建立了舒适指数测评的标准模型。舒适指数与寒冷指数是分析气候状况的主流评判指数,主要利用气温、相对湿度和风速统计数据分析计算而得。

寒冷指数计算公式为:

$$Q = (10 \times \sqrt{v} + 10.45 - v) \times (33 - T)$$

式中,T 为气温(℃);v 为风速(m/s)。

舒适指数计算公式为:

$$K = 1.8T - 0.55 \times (1.8T - 26)(1 - RH) - 3.25\sqrt{v} + 32$$

式中,K 为舒适度指数;T 为气温(℃);RH 为相对湿度(%);v 为风速(m/s)。不同寒冷指数时人体的感觉见表4-1。舒适度指数分级及感觉程度见表4-2。

寒冷指数分级 表4-1

Q	人体的感觉	符号
<400	舒适	A
400~650	凉	B
650~800	很凉	C
800~1000	冷	D
1000~1200	很冷	E
1200~1400	极度寒冷	F
1400~2000	有冻伤危险	G

舒适度指数分级 表4-2

级别	指数范围	符号	感觉
1	0~25	E	有冻伤的危险
2	26~38	D	冷,大部分人不舒适
3	39~50	C	微冷,不太舒适

续上表

级　别	指数范围	符　号	感　觉
4	51～58	B	较凉爽,舒适
5	59～70	A	最舒适
6	71～79	b	微热,不太舒适
7	80～85	c	热,大部分人不舒适
8	86～90	d	暑热,很不舒服
9	≥90	e	酷热,极不舒服

3)降水

降水是一个对客流量产生影响的刚性因素。一般来说,降水属于能够明显对大型活动,特别是室外活动客流造成负面影响的气象因素。而对于持续型大型活动而言,这种影响程度更为显著。

4)自办活动

自办活动是大型活动吸引参观者的重要手段之一,通常包括群众性集体活动、明星站台、商业汇演等形式。具有一定话题性的自办活动可以吸引更多参观者,从而促进客流量的增长,提升大型活动自身的知名度,这对自办活动本身的质量和宣传水平都提出了较高要求。

5)节假日

对于大型活动,双休日和法定节假日通常会出现较大幅度的客流增长。这一特性在持续型大型活动中体现得更加明显。通过分析不同日期属性条件下,即工作日、双休日、节假日条件下,大型活动客流的变化特征及规律,有助于研究节假日因素对客流规模的影响,并量化节假日对不同等级节假日客流总体人数的影响程度。

4.2 短时性大型活动的客流预测

4.2.1 短时客流序列的分析方法

常用的交通短时预测方法主要有基于线性系统理论的预测方法,比如卡尔曼滤波方法、时间序列方法等;基于非线性理论模型预测方法,具体包括基于突变理论的方法、基于小波分析的方法、基于混沌理论的方法等;基于知识发现的智能模型预测方法,如神经网络方法、非参数回归法等;另外,还包括基于交通模拟的方法等。

在大型活动客流预测领域,大尺度预测,如年、月、日,已经有较为成熟的理论,但将这些方法直接应用于以分钟为观测尺度的短时客流序列预测时误差偏大。这是由于大尺度预测在建模时忽略了数据的细节信息,即大尺度客流数据预测精度是建立在细节信息缺失的基础之上的。尺度越小,序列的不确定性越强,线性规律越差。

因此,在小尺度客流数据预测时,应该对序列中的细节信息做出妥善处理,从而保证预测精度。在大型活动背景下,客流抵达规律的随机因素较多,具有一定的不确定性。目前,国内外关于中长期客流预测的方法较为成熟,而这与以分钟为时间间隔的小尺度预测存在显著差异,因此有必要对此类小尺度客流预测及客流规律展开研究。

1)频域特性分析及研究方法

通过直接调查的方法采集到的交通量数据信息为时间序列,需要对时间序列进行时域—频域转换,从而对其进行频域分析。本章采用 DFT 变换实现这一过程。

在傅里叶提出其分析理论之前,人们对信号的研究基本停留在时域水平的分析,从而揭示信号微观结构及其概率分布函数,在此基础上得到信号的特征、规律等结论,但仍然难以深入地了解信号。1822 年,傅里叶将这种无限和的形式命名为傅里叶级数,如图 4-1 所示。这种表达方式实际上是将信号函数投影在由正弦和余弦函数组成的正交基上,实施对信号的傅里叶变换。对于非周期函数,也可以通过周期延拓将其转化为周期函数并实施傅里叶变换。

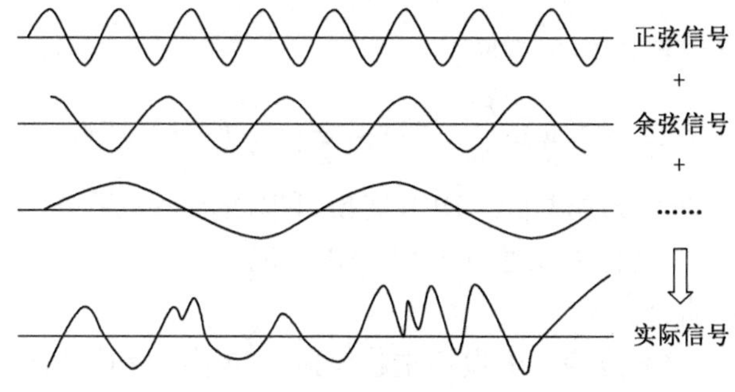

图 4-1 傅里叶变换原理示意图

事实上,傅里叶变换在其中所起的作用与物理上的棱镜类似。物理上的棱镜是将可见光分解成不同频率,即不同颜色的光,过程可逆且能量守恒。傅里叶变换是将一组信号分解成频率不同的若干组分支信号,这些分支信号通过特定的重组规则可以还原原始序列,这一过程可逆且能量守恒。如图4-2所示。

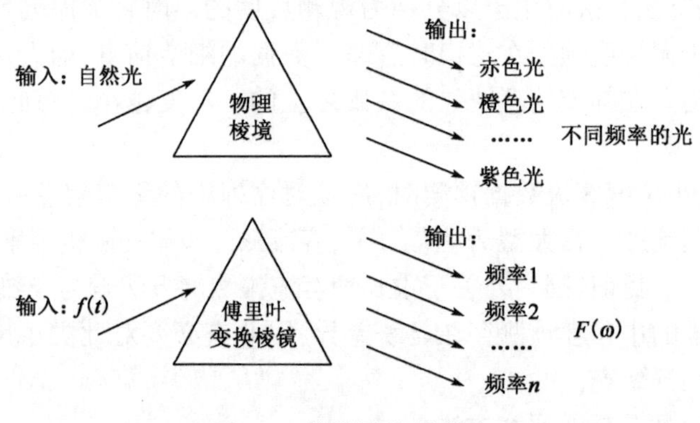

图4-2 "棱镜原理"示意图

在Shannon提出的采样定理(Sampling Theorem)的支持下,傅里叶的数值实现变得可行。DFT变换的目的是将离散的客流序列信号分解成若干正交函数。对于任意周期为 T 的函数,可以以傅里叶级数表示为:

$$f(t) = \frac{a_0}{2} + \sum_{n=1}^{\infty}(a_n \cos n\omega t + b_n \sin n\omega t)$$

在实际操作中,由于短时客流数据的时间序列周期性不明显,因此认定其重复周期区域无穷,在此基础上,引入关于 $f(t)$ 的频谱密度函数:

$$F(j\omega) = \int_{-\infty}^{+\infty} f(t)\,\mathrm{e}^{-j\omega t}\mathrm{d}t$$

在此基础上得到其DFT变换:

$$f(t) = \lim_{T\to\infty}\sum_{-\infty}^{+\infty}\frac{F_n}{\omega}\mathrm{e}^{jn\omega t}\omega = \frac{1}{2\pi}\int_{-\infty}^{+\infty}F(j\omega)\,\mathrm{e}^{j\omega t}\mathrm{d}\omega$$

短时客流序列信号通过上述DFT变换可以表示为一系列不同频率的正弦函数积分,上述数学过程可以通过MATLAB实现。

2)混沌特性研究方法

一般而言,短时客流信号中包括主趋势信号和干扰信号,频域分析说明短时客流序列当中是存在随机成分的,即噪声或短时客流序列中内在的确定随机性,即混沌特性。由于混沌特性对短时客流序列的预测方法、预测尺度均会有较大影响,因此有必要分析该序列是否具有内在的确定随机性。

内在的确定随机性通过刻画相空间中奇怪吸引子的特征来判别,分析其相关特性的指标有 Lyapunov 指数、信息维、Hausdoff 维、关联维等。Lyapunov 指数判别法通过定量描述系统的初值敏感性来判别混沌特性，具有较为成熟的理论基础。Lyapunov 指数大于零时说明系统具有混沌特性。其具体计算方法有定义法、Jicobian 法、Wolf 法、P-范数法等，其中基于时间序列相空间重构理论基础的 Wolf 法计算较为简便，本书采用这种方法。

Wolf 法计算 Lyapunov 指数步骤如下：

(1)根据相空间重构理论或试算法确定嵌入维数 n，对于给定时间延迟 τ，根据观测样本总数 N 构造相点数为 $m=N-(n-1)\tau$ 的相空间新序列。

(2)以初始相点 X_0 为基点，在点集 $\{X_i\}$ 的其余相点中选取与 X_0 最近的点 X_j 为端点，构造一初始向量，X_0 与 X_j 之间的欧氏距离记为 $L(t_0)$。

(3)取时间步长为 k，则 $t_1 = t_0 + k$，初始向量沿初始轨线向前演化得到一个新的向量，其基点与端点之间的欧氏距离记为 $L(t_1)$，在相应的时间段内系统线度指数增长率记为：

$$\lambda_1 = \frac{1}{k}\log_2\frac{L(t_1)}{L(t_0)}$$

推广为：

$$\lambda_i = \frac{1}{k}\log_2\frac{L(t_i)}{L(t_i - 1)}$$

(4)重复步骤(3)直至所有相点计算完毕，然后取各指数增长率的平均值为最大 Lyapunov 指数估计值：

$$LE = \frac{1}{m}\sum_{i=1}^{m}\lambda_i$$

4.2.2　基于小波分析的短时客流规模预测方法

在上述方法的基础上分析短期客流序列，可以剥离出短时客流序列信号中复杂且具有混沌特性的成分，非平稳性较强。虽然现有的基于混沌理论的预测方法在理论层面已经比较成熟，但在应用层面存在一定缺陷，如具有计算难度大、数据量大等问题，且混沌理论研究较难在实际领域中应用。特别是对大型活动而言，由于预测时间尺度较小，影响因素众多，因此考虑基于多分辨小波分析理论，建立过程为短期客流序列分解与重构、单支信号序列预测、单质信号结果合成的小波预测方法。

1)小波预测方法原理

基于小波分析的短时客流预测方法原理如图 4-3 所示。通过 Mallat 多尺度小波分析与重构的快速算法，对目标客流序列 $V = A_0 f(t)$ 展开 N 步的逐层分解，从而获得表征主客流趋势的低频信号 $A_N f(t)$ 与表征随机性的高频信号 $D_j f(t)$ ($j = 1, 2, \cdots, N$) 。解构的次数 N 由分解的各个分支信号的样本方差确定。随着解构次数的增加，主要客流趋势的低频信号趋于平稳。因此，短期客流序列可被分解为 $(N+1)$ 个较为平稳的信号，使用 ARMA 模型对每个分支信号分别开展预测，最后将所有分支信号的预测结果相加，重构得到原目标客流序列的预测结果。

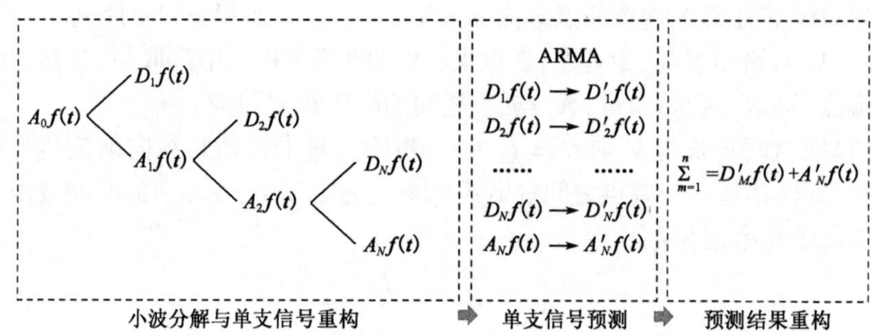

图 4-3　小波预测方法原理示意图

2)信号分解与重构方法

本节通过 Mallat 算法实现短期客流序列的分解和重构。Mallat 分解和重构算法的核心思想是：若已知信号 $f(t) \in L^2(R)$ 在分辨率 2^{-j} 的条件下离散逼近 $A_j f(t)$ ，则 $f(t)$ 在分辨率 2^{-j+1} 的条件下离散逼近 $A_{j+1} f(t)$ 可以通过离散低通滤波器对 $A_j f(t)$ 滤波获得。

令 $\varphi_{-j,k}(t)$ 和 $\Psi_{-j,k}(t)$ 分别是 $f(t)$ 在分辨率 2^{-j} 条件下逼近的尺度函数和小波函数，在该条件下离散逼近 $A_j f(t)$ 和细节部分 $D_j f(t)$ 可表示为：

$$A_j f(t) = \sum_{k=-\infty}^{\infty} C_{j,k} \varphi_{-j,k}(t)$$

$$D_j f(t) = \sum_{k=-\infty}^{\infty} D_{j,k} \Psi_{-j,k}(t)$$

上述式中，$j > 0$ 。$C_{j,k}$ 与 $D_{j,k}$ 分别是分辨率 2^{-j} 条件下低频趋势信号分量分解系数和高频细节信号分量分解系数。根据 Mallat 塔式分解思想，$A_j f(t)$ 可以继续分解为主信号 $A_{j+1} f(t)$ 与噪声信号 $D_{j+1} f(t)$ ，即

$$A_j f(t) = A_{j+1} f(t) + D_{j+1} f(t)$$

通过离散逼近和信号分解可以得到 $C_{j,k}$ 与 $D_{j,k}$ 的分解迭代公式，即信号分解算法：

$$C_{j,k} = \sum_{k=-\infty}^{\infty} h(k-2m)\, C_{j-1,k}$$

$$D_{j,k} = \sum_{k=-\infty}^{\infty} g(k-2m)\, D_{j-1,k}$$

其中，

$$h(k-2m) = (\varphi_{-j,k}, \varphi_{-j-1,m})$$

$$g(k-2m) = (\Psi_{-j,k}, \Psi_{-j-1,m})$$

在此基础上得到 $C_{j,k}$ 与 $D_{j,k}$ 合成迭代公式，即信号重构算法：

$$C_{j,k} = \sum_{k=-\infty}^{\infty} h(k-2m)\, C_{j+1,k} + \sum_{k=-\infty}^{\infty} g(k-2m)\, D_{j+1,k}$$

3）单支信号预测方法

经过分解后的客流序列主信号具有较好的平稳性，可以采用目前比较成熟的 ARMA 模型建模预测。其预测模型的表达式为：

$$X_t = \Phi_1 X_{t-1} + \Phi_2 X_{t-2} + \cdots + \Phi_p X_{t-p} + \varepsilon_t - \theta_1 \varepsilon_{t-1} - \cdots - \theta_q \varepsilon_{t-q}$$

其中，p、q 为预测模型的阶数，由该时间序列样本的自相关系数确定。原始信号的预测结果由各支信号叠加而成。

4）实例分析

以 2018 年 7 月某演唱会凯迪拉克中心附近五棵松地铁站客流数据为案例展开分析。在大型活动开始前及大型活动结束后，取 5min 为观测间隔，组织观察员对该站点展开观测，记录活动开始前抵达客流及活动结束后进站客流，获取 50 组观测数据。以此为样本，采用上述预测方法，对客流数据展开分析与预测。观测数据如表 4-3 所示。

实际观测数据表　　表 4-3

观测序号	观测值	观测序号	观测值
1	387	12	437
2	379	13	534
3	402	14	492
4	389	15	426
5	368	16	452
6	393	17	455
7	386	18	479
8	401	19	465
9	416	20	452
10	405	21	494
11	377	22	440

续上表

观测序号	观测值	观测序号	观测值
23	453	37	1087
24	332	38	922
25	327	39	870
26	348	40	733
27	366	41	508
28	249	42	272
29	228	43	191
30	245	44	126
31	182	45	102
32	41	46	113
33	307	47	97
34	401	48	89
35	635	49	104
36	944	50	79

(1)客流序列的频域特性分析

利用离散傅里叶变换对上述客流序列展开 DFT 变换,可以得到客流序列的频谱图,如图 4-4 所示。

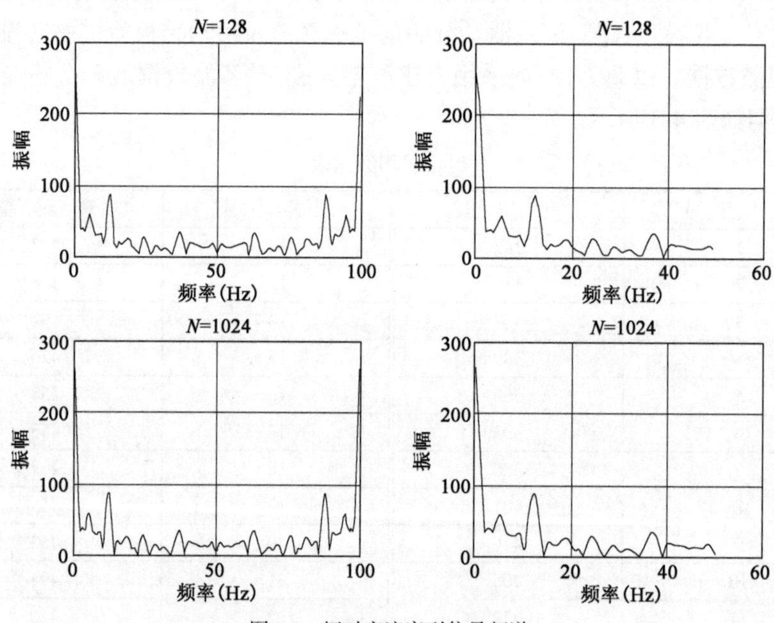

图 4-4　短时客流序列信号频谱

由图4-4可知,在0～20Hz的频率范围内,集中客流序列的最大振幅的信号,汇集了主要的地铁客流信息。其余大量振幅较小的随机信号成分则分布于较宽的高频频域范围。因此,客流序列存在包括复杂随机信号在内的多种信号成分,需要开展进一步的验证。

(2)Lyapunov 指数计算与混沌特性识别

Lyapunov 指数,又称李雅普诺夫特征指数,是用于识别混沌运动若干数值的特征之一。取时间延迟 $\tau=1$,采用试算法,依次计算嵌入维数 $n = 3,4,5,\cdots,N$ 时的 Lyapunov 指数,直到指数收敛为止,结果见表4-4。

Lyapunov 指数计算结果　　表4-4

维　数　n	Lyapunov 指数	维　数　n	Lyapunov 指数
5	0.2435	8	1.7542
6	0.2056	9	1.7524
7	1.7564		

由表4-2可知,当嵌入维数 n 上升时,李雅普诺夫指数下降。当 $n>7$ 时,李雅普诺夫指数趋于稳定。因此,取 $n=7$ 作为该序列混沌特性判别定量指标。在此基础上可以得出,短时客流序列信号中,高频信号对于客流趋势发展具有影响,不能作为噪声信号舍去,在开展客流预测时,应考虑其客观影响。

(3)流序列预测

首先,采用常用的db3函数作为小波函数与尺度函数对原始序列进行分解。当低频信号平稳时,得到原始信号的6个分支信号。原始序列信号与各分支信号如图4-5所示。

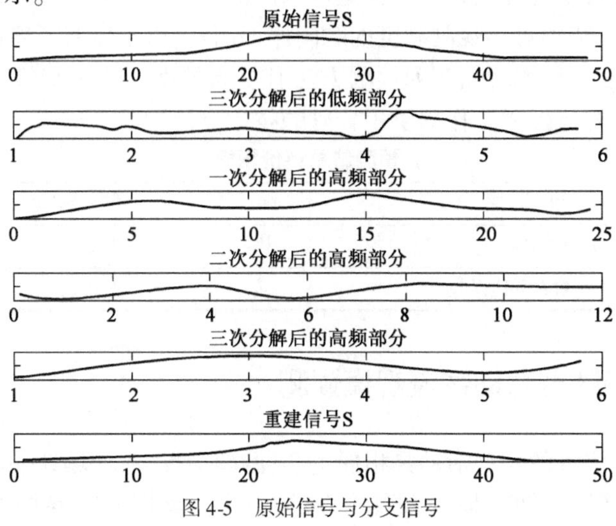

图4-5　原始信号与分支信号

由图 4-5 可见，分解后的分支信号，稳定性较原始信号有了较大提升，适合采用小波分解法展开预测。对上述各个分支信号分别展开预测，前 40 组数据用于参数标定，后 10 组做预测检验，如图 4-6 所示。采用平均绝对百分比误差(MAPE)和平均绝对误差(MAE)定量评价预测结果。

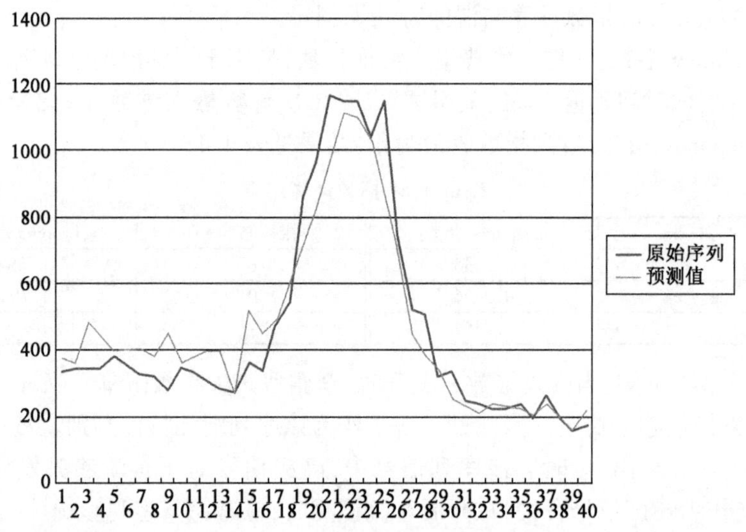

图 4-6　小波预测法预测结果

由表 4-5 可知，将原始客流序列通过 DFT 变换得到分支信号，并对各个分支展开序列预测，最后将预测的分支信号重新叠加的方法，对于提升短时客流序列预测的精度具有良好的效果。该模型可以广泛适用于以客流预测为代表的时间序列的预测中，特别对小观测制度的时间序列而言，由于保留了原序列的低频波动，使得其精度较传统时间序列预测方法有更高精度。这为交管部门开展大型活动背景下的客流保障工作提供了较好的技术支持。

预测结果评价指标　　表 4-5

评 价 方 法	小波分解法
平均绝对误差	1.47
平均绝对百分比误差	0.22

4.3　持续型活动客流规模预测

提供长效服务的大型活动是指展览会、游园会等，活动场地一般没有固定座位，活动场所能够容纳的最大人数不确定，而且活动期间的参加人数随时间变化,受天气、节假日、票价、活动宣传等因素的影响。这类大型活动的观众可以在活动期间的任何时间到场,并且可以随时离场,虽然诱增交通量的高峰期也可能会出现在活动开始前和结束后的一段时间内,但在活动持续的过程中,由于有较多的人员到达和离开,周边道路上也会有较大的诱增交通量。

对于提供长效服务的大型活动,由于没有确定的座位数,参加这类大型活动的总人数是各时段到达人数的累计,结合历史上类似活动的参与人数、目标活动的特色、各影响因素对客流规模的影响分析等,构建这类大型活动客流规模预测模型。

大型社会活动参与者可以看作由活动吸引观众和固定参与者两部分组成:

(1)活动吸引观众从空间分布上,可以分为本地观众和非本地观众。

(2)活动固定参与者主要由活动组织者(工作、服务人员等)、活动表演者、媒体和赞助商及 VIP(贵宾、官员)四部分组成,这部分人员数量通常可由活动举办者提供。

活动参与人数总量可以通过以下公式计算:

$$Z = A + B, B = B_S + B_P + B_M + B_Y$$

式中:Z——活动参与人数总量;

A——活动吸引观众数量;

B——固定参与者数量;

B_S——活动组织者数量(工作、服务人员等);

B_P——活动表演者数量;

B_M——媒体、赞助商数量;

B_Y——VIP(贵宾、官员)数量。

通常固定参与者这部分人员数量可由活动举办者提供,因此,项目重点对大型活动吸引游客的数量预测进行研究。针对持续型大型活动,如展览会、游园会等,客流规模预测需参考同一级别、类型大型活动的情况,根据活动举办方提供的资料,结合经验确定客流基准值。在活动基准客流规模确定的基础上,结合各种影响因素对客流规模的影响分析,科学准确地预测活动在某影响因素下总体的客流规模。根据以下公式预测客流规模:

$$A = V \times F$$

式中:A——活动吸引观众数量;

V——根据历史活动数据得到的基准客流;

F——影响因子。

在进行影响因子 F 值确定时,考虑到活动举办的时间、地点、活动规模、节假日、天气、票价及影响力等因素在不同的情况下其权重系数可能会发生变化，且它们之间相互交叉影响，很难用传统的回归预测模型进行预测，因此，借鉴模糊综合评判的方法，用以下方法来确定 F 值。

针对节假日因素、降水条件、自办活动等可计算其影响程度的因素，根据4.2节对典型大型活动客流影响因素分析的方法，分析同类型同等级活动的历史数据，确定不同影响因素对应的客流量影响系数，用 F_i 表示第 i 个评判因素所获得的影响系数。以园博会为例，分析其日期因素，其评判结果 $F_{1节假日} \in (2.3, 1.7)$、$F_{1双休日} \in (1.8, 1.3)$、$F_{1工作日} \in (1.3, 0.7)$。根据历史经验，对于双休日而言，周日客流量影响系数 $F_{1双休日}$ 较前一日下降0.2。对于长假期而言，假期首日客流量高于假期最后一日，且呈现逐日递减的趋势。视活动属性及持续时间，且日客流较前一日下降0.05~0.1。工作日客流量呈逐日增加的趋势，工作日首日客流量低于工作日最后一日。视活动属性及持续时间，且客流量较前一日下降0.05~0.1。分析降水因素，其评判结果 $F_{2无降水} \in (1.5, 1)$、$F_{2小到中雨} \in (1, 0.7)$、$F_{2中到大雨} \in (0.7, 0.4)$。其中 F_2 取值的上下限根据降水持续的时间确定。分析自办的宣传活动因素，其评判结果 $F_{3无活动} \in (1)$、$F_{3一般活动} \in (1, 1.3)$、$F_{3特殊活动} \in (1.3, 3)$。活动在新闻媒体或社交网络上的热度越高，F_3 取值越大。对于某些长期举办的自办活动，活动后期对 F_3 的取值做相应折减。对于其他影响因素，考虑其影响程度不易通过计算得到，本书中暂不考虑。

通过与历史活动情况进行对比，将评判结果划分为{好、较好、正常、差、很差}五个等级，正常即与历史活动水平相当，相应地其价值量分别取为 $E = (E_1, E_2, E_3, E_4, E_5) = (2, 1, 0, -1, -2)$。选取影响活动客流规模的 n 个影响因素形成评判要素集 $U = (U_1, U_2, \cdots, U_n)$（可以是活动票价、举办时段、宣传力度、天气情况、交通可达性、活动服务水平等），邀请 m 个学识经验丰富、公正客观的专家进行评判，用 E_j^{ki} 表示第 k 个专家对第 i 个评判因素 U_i 进行评判后，所获得的价值量为 E_j，则活动客流规模影响因素 F 可由下式求得。

$$F = F_1 \times F_2 \times F_3 \times \frac{1}{mn}\sum_{k=1}^{m}\sum_{i=1}^{n}E_j^{ki}$$

在实际工作中，固定参与者数量 B 可以通过组委会的参展名录或名单确定，活动吸引观众数量 A 是我们更为关注的，也是客流预测的重点。

以2014年北京车展为案例进行分析，选取社会关注度 U_1、活动票价 U_2、举办时段 U_3、交通可达性 U_4 及活动服务水平 U_5 作为评判因素，共邀请3个专家进行评判，他们对本次活动这5个因素评判结果分别为{好，正常，较好，好，很差}、{好，较好，较好，较好，较好}、{好，较好，较好，较好，较好}，对应的价值量分别为(2,0,1,2,-2)、(2,1,1,1,1)、(2,1,1,1,1)。考虑到车展首日与第二日为媒体参观日,暂不对公众售票,以车展第三日客流量为预测对象。已知该大型活动的基准客流(即综合2012年车展历史客流量平均水平)为8万人次,则该活动在展出第三日(工作日)、无降水、有自办活动的条件下,客流量规模为:

$$
\begin{aligned}
A &= 80000 \times 1 \times 1 \times 1.3 \times \frac{1}{3 \times 5}\sum_{k=1}^{3}\sum_{i=1}^{5} E_j^{ki} \\
&= 80000 \times 1 \times 1 \times 1.3 \times \frac{1}{3 \times 5} \times [(3+2+2)+ \\
&\quad (1+1-1)+(1+1+1)+(1+2+1)+ \\
&\quad (-2+1+1)] = 104000(\text{人次})
\end{aligned}
$$

通过公式预测的客流规模为104000人次,活动当日实际客流103470人次。其他参观日的客流参观值与预测值如图4-7所示。其中,A_2对应的$(F_1,F_2,F_3)=(1,1,1.2)$,A_3对应的$(F_1,F_2,F_3)=(1,1,1.2)$,A_4对应的$(F_1,F_2,F_3)=(1,0.9,1.2)$,$A_5$对应的$(F_1,F_2,F_3)=(1.8,1,1.2)$,$A_6$对应的$(F_1,F_2,F_3)=(1.6,1,1.2)$,$A_7$对应的$(F_1,F_2,F_3)=(1,1,1.2)$。

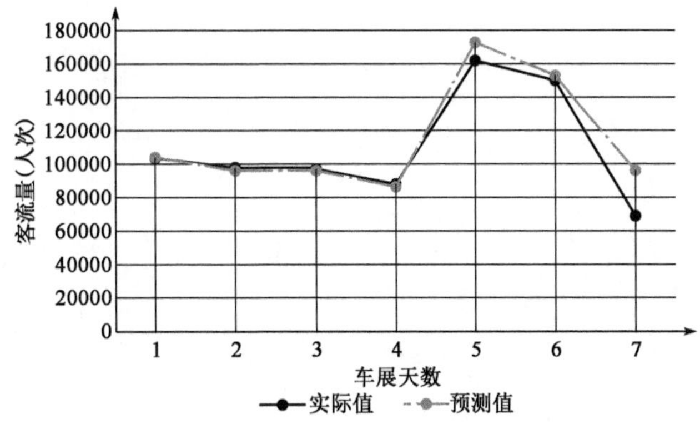

图4-7　2014年北京车展预测值与实际值对比

数据的相关统计学指标如表4-6所示。Sig小于0.05说明模型预测的结果与实际值存在显著的相关性,而相关系数大于0.9表明两者相关程度较高,模型可以敏感地反映车展期间的客流变化。

成对样本相关系数　　表4-6

统计指标	N	相关系数	Sig
实际值-预测值	7	0.951	0.001

此类持续性大型活动将会产生数量巨大、时间和空间集中的客运需求,加剧城市交通拥堵和交通供需矛盾。研究适宜的大型活动客流预测方法,用较少投

入保证大型活动期间交通系统的顺利运行具有重要的意义。

4.4 本章小结

本章开展了客流与公交系统运力影响因素分析,重点考察了节假日、宣传活动、天气等影响因素,进而重点分析了基于小波分析短时客流预测模型与持续型大型活动客流预测及时间分布预测模型,为大型活动交通保障提供支持。

第5章 大型活动综合交通运行保障方案研究

从影响内道路瓶颈路段鉴别方法入手,以园博会为例分别提取三环路到四环路、四环路到五环路的常发拥堵路段的信息,并针对不同预警等级制订影响区路网运行协调管理策略,并从综合保障、专项交通保障与应急保障业务三个层次提出大型活动交通运行应急处理保障方案,开展重大活动应急保障业务流程分析。在此基础上,针对大型活动条件下的轨道交通大客流传播特点、影响因素和控制策略进行探讨,以2014年北京国际车展为例对大型活动散场客流的基本特征进行研究,为大型活动轨道大客流的应急保障提供支撑。

5.1 大型活动交通综合运行协调与保障方法

5.1.1 大型活动交通影响区路网运行协调管理

在划分区域交通运行状况等级的基础上,通过鉴别大型活动期间三环到四环、四环到五环的瓶颈路段信息表征影响区内路网的运行状况,并提出了瓶颈路段拥堵预警分级标准,进而针对蓝色预警、黄色预警、橙色预警与红色预警分别制订大型活动期间影响区路网运行协调管理策略。

1)影响区瓶颈路段鉴别

通过鉴别大型活动交通影响区内的瓶颈路段,以这些路段在大型活动期间的运行状态代替大型活动影响区域内路网的运行状态,从而使得影响区内路网监测工作简化为少量路段即瓶颈路段的监测。

以北京市为例,根据北京市中心城区(五环内,图5-1)大型活动期间每个区域内不同路段的车辆运行速度与不同等级道路路段拥堵临界速度对比,判断各路段的运行状态,进而确定不同区域瓶颈路段的集。

目前北京市利用浮动车数据测算交通指数,具体计算流程为:首先,以不高于15min的统计间隔计算路网中各路段的平均行程速度;其次,分别统计各等级道路处于严重拥堵运行等级的路段里程比例;再次,对各等级道路拥堵里程比例加权计算道路网拥堵里程比例;最后,按照道路网拥堵里程比例与交通指数的转换关系，计算交通指数。通过交通指数计算流程的分析可知，交通指数实际上是道路网拥堵里程比例的表征，可以反映道路网的运行状态。交通指数等级划分如表5-1所示。

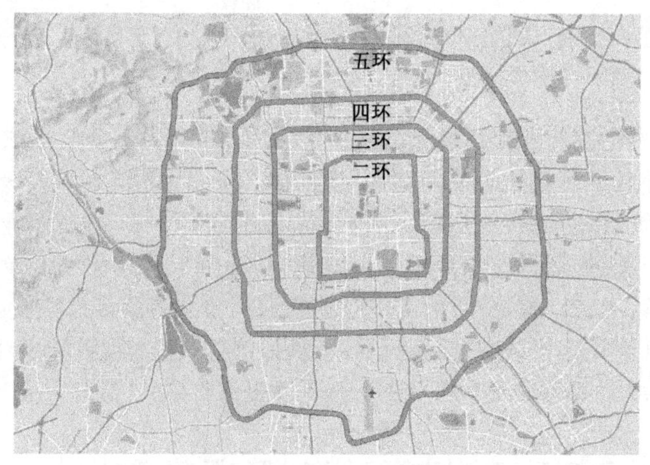

图5-1 北京市五环内区域示意

交通指数等级划分 表5-1

交通指数(TPI)	0≤TPI<2	2≤TPI<4	4≤TPI<6	6≤TPI<8	8≤TPI≤10
道路网运行水平	畅通	基本畅通	轻度拥堵	中度拥堵	严重拥堵

通过分析北京市中心城区(五环内)2013年全年早晚高峰的交通指数数据(本书选取交通指数大于等于6，即道路网运行水平处于中度拥堵及以上程度的数据进行研究)，对比分析了同一时段不同区域交通指数及同一区域不同时段交通拥堵发生频率等交通运行状态特征如下：

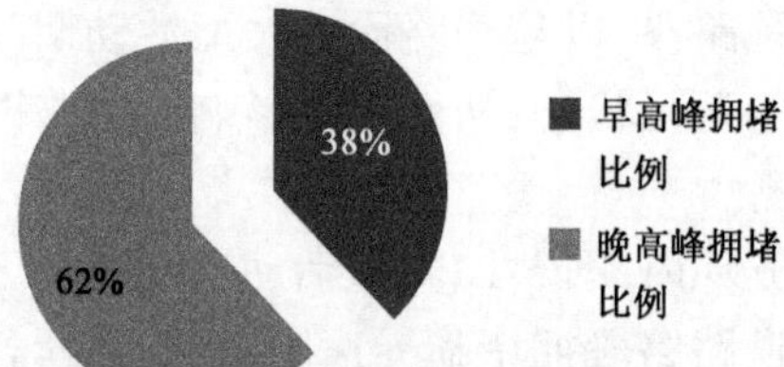

图5-2 早晚高峰拥堵比例统计分析图

(1)在同一时段，交通拥堵等级从城市中心向城市外围逐渐降低。

(2)各区域的晚高峰拥堵发生概率均远大于早高峰，具体而言，两个时段发生拥堵的比例分别为62%和38%，如图5-2所示。

(3)城市外围区域发生拥堵时，城市内部区域发生拥堵的概率非常大：

①二环至三环发生拥堵时，二环内拥堵的概率为97%，如图5-3所示；

②三环至四环发生拥堵时，二环至三环拥堵的概率为100%；

③四环至五环发生拥堵时，三环至四环拥堵的概率为86%，如图5-4所示。

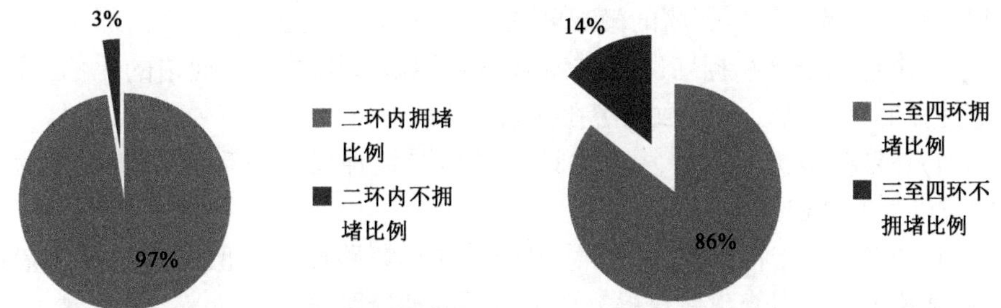

图 5-3　三环至四环拥堵时二环内拥堵比例图　　图 5-4　四环至五环拥堵时二环至三环拥堵比例图

通过交通指数的分析可以看出，交通拥堵的严重程度及发生概率随着与城市中心距离的增大而降低，即呈现由内到外逐渐减弱的趋势，同时晚高峰发生拥堵的概率较大。基于此，根据不同区域的拥堵级别将北京市中心城区的区域交通运行状态分为四个等级，具体如表 5-2 所示。区域交通运行状态由四级到一级，对应的交通拥堵程度逐渐加剧，拥堵范围逐渐加大。四级为二环内发生严重交通拥堵（交通指数为 8 ~ 9），二环至三环发生中度拥堵（交通指数为 7 ~ 8），三环至四环发生中度拥堵（交通指数为 6 ~ 7），四环至五环发生轻度拥堵或处于畅通状态（交通指数在 6 以下）；三级对应的严重拥堵范围扩大至三环内（交通指数为 8 ~ 10），三环至四环发生中度拥堵（交通指数为 6 ~ 8），四环至五环发生轻度拥堵或处于畅通状态（交通指数在 6 以下）；二级对应的严重拥堵范围扩大至四环内（交通指数为 8 ~ 10），四环至五环发生轻度拥堵或处于畅通状态（交通指数在 6 以下）；一级对应的严重拥堵范围为四环内（交通指数为 8 ~ 10），四环至五环发生中度拥堵或严重拥堵（交通指数大于 6）。

区域交通运行状况等级划分　　表 5-2

等　级	交通指数			
	二环内	二环至三环	三环至四环	四环至五环
四级	8 ~ 9	7 ~ 8	6 ~ 7	6 以下
三级	8 ~ 10	8 ~ 10	6 ~ 8	6 以下
二级	8 ~ 10	8 ~ 10	8 ~ 10	6 以下
一级	8 ~ 10	8 ~ 10	8 ~ 10	6 ~ 10

基于以上交通运行状况等级划分，以北京园博会为例鉴别影响区瓶颈路段，步骤如下：

（1）在区域交通运行状况等级划分及微观区域的区域划分（根据微观区域的位置将其划分为二环内、二环至三环等区域）的基础上，统计三级拥堵状态时三环至四环区域内发生拥堵的微观区域。

(2)统计每个潜在拥堵路段在所有三级拥堵日期中发生拥堵的比例,选取出重复发生80%及以上天数的潜在拥堵路段。

(3)按照三级拥堵的计算方法计算得出二级拥堵时三环至四环重复发生50%及以上的潜在拥堵路段。

(4)取步骤(2)和步骤(3)筛选出的潜在拥堵路段的差值作为初始拥堵路段,并对其进行适当修正后获得三环至四环的拥堵路段。

四环至五环的拥堵路段识别只需区分一级与二级的区域交通运行状况即可,计算方式同三环至四环拥堵路段鉴别方法。

具体拥堵路段如表5-3、表5-4所示。

三环至四环常发拥堵路段信息 表5-3

道路名称	方向	起点经度	起点纬度	终点经度	终点纬度
丰北路	E—W	116.319729	39.867928	116.262627	39.866788
莲花池西路(主路)	E—W	116.311657	39.897105	116.274445	39.897057
西四环中路(主路)	S—N	116.277023	39.878736	116.274887	39.916667
西四环北路(主路)	N—S	116.274654	39.968216	116.274937	39.930517
紫竹院路(主路)	E—W	116.320576	39.939252	116.276428	39.946744
紫竹院路右辅路	E—W	116.325577	39.939003	116.276592	39.946841
阜成路	E—W	116.334351	39.923111	116.277687	39.924380
北四环西路(主路)	E—W	116.310978	39.985415	116.282036	39.973602
西翠路	N—S	116.283348	39.910077	116.283344	39.907519
恩济西街	N—S	116.284824	39.932238	116.284908	39.927780
万泉河路	S—N	116.307388	39.966914	116.293144	39.998851
南四环西路(主路)	E—W	116.342373	39.831073	116.293602	39.830699
万寿路	N—S	116.296684	39.925845	116.294949	39.897255
万寿路	S—N	116.295139	39.898908	116.295673	39.918251
蓝靛厂南路辅路	N—S	116.296528	39.923147	116.296146	39.919200
巴沟路	E—W	116.299973	39.974480	116.298672	39.974365
苏州街	S—N	116.305866	39.982412	116.305653	39.984907
苏州街	N—S	116.305599	39.983963	116.305714	39.982882
苏州街	S—N	116.305962	39.981079	116.305874	39.982307
苏州街	S—N	116.306080	39.979040	116.305962	39.981079

续上表

道路名称	方向	起点经度	起点纬度	终点经度	终点纬度
万泉河路	N—S	116.291359	40.000000	116.307316	39.966484
西三环中路(外环辅路)	N—S	116.309982	39.923551	116.309322	39.884506
西三环北路(外环辅路)	N—S	116.307987	39.961952	116.309956	39.924639
中关村大街	S—N	116.321354	39.967161	116.316467	39.985250
中关村南路	E—W	116.327560	39.980911	116.324909	39.981046
北四环中路(主路)	E—W	116.404186	39.988444	116.345253	39.986666
知春路	W—E	116.317696	39.975955	116.352295	39.976453
南四环中路(主路)	E—W	116.411530	39.832344	116.356567	39.831177
花园东路	S—N	116.370007	39.976817	116.369530	39.987142
京藏高速公路	S—N	116.380421	39.981143	116.379746	39.983462
马家堡东路	N—S	116.387852	39.870051	116.386700	39.840139
北土城西路	W—E	116.354321	39.976484	116.393082	39.976845
安定路	S—N	116.407578	39.969533	116.407608	39.985024
南四环东路(主路)	E—W	116.482494	39.845367	116.429901	39.832319
京承连络线主路	S—N	116.432133	39.970212	116.437138	39.979012
周家庄路	W—E	116.447632	39.858831	116.451706	39.858393
周家庄路	E—W	116.448975	39.858691	116.451706	39.858393
京津塘连接线	W—E	116.453838	39.862279	116.456234	39.861260
霄云路	E—W	116.461708	39.956134	116.460827	39.955345
霄云路	W—E	116.459992	39.954470	116.462524	39.956739
松榆南路	E—W	116.475792	39.871343	116.462723	39.871363
姚家园新路	W—E	116.461948	39.928757	116.467022	39.929400
松榆北路	E—W	116.470799	39.876165	116.468422	39.876203
姚家园新路	W—E	116.467022	39.929400	116.470429	39.930247
朝阳公园路	N—S	116.474712	39.937800	116.472633	39.933790
姚家园新路	W—E	116.470429	39.930247	116.472714	39.930829
建国路	W—E	116.462658	39.908277	116.473293	39.908203
姚家园新路	W—E	116.474785	39.931074	116.476448	39.931102
松榆南路	W—E	116.461289	39.871259	116.477264	39.871223
西大望路	N—S	116.477936	39.915497	116.477268	39.869339

续上表

道 路 名 称	方向	起点经度	起点纬度	终点经度	终点纬度
西大望路辅路	N—S	116.477322	39.887835	116.477280	39.885546
西大望路	S—N	116.477383	39.867831	116.478039	39.913643
姚家园新路	W—E	116.472714	39.930829	116.478256	39.931122
小武基路	W—E	116.476955	39.858859	116.486733	39.860214
朝阳公园南路	W—E	116.472702	39.933655	116.487827	39.933652
东四环南路(主路)	S—N	116.476494	39.840841	116.489632	39.875460
东四环中路(主路)	N—S	116.489746	39.925944	116.489704	39.884201

四环至五环拥堵路段信息 表 5-4

道 路 名 称	方向	起点经度	起点纬度	终点经度	终点纬度
莲石东路右侧辅路	W—E	116.213894	39.896749	116.210690	39.896764
五环路	E—W	116.212055	39.921005	116.211906	39.919675
五环路	W—E	116.229176	39.841019	116.221020	39.851735
卢沟桥路	E—W	116.241142	39.856044	116.239517	39.856026
程庄路	N—S	116.264462	39.867566	116.264439	39.866537
程庄路	S—N	116.264519	39.864263	116.264442	39.865954
程庄路	S—N	116.264439	39.866890	116.264446	39.867297
永定路	S—N	116.264652	39.900210	116.264626	39.903814
程庄路	S—N	116.267792	39.847488	116.264793	39.862689
北坞村路	E—W	116.267830	39.969826	116.264999	39.970484
程庄路	N—S	116.264408	39.864095	116.267574	39.848567
玉泉山路	N—S	116.268753	40.003375	116.267681	40.002332
香山路	E—W	116.270958	40.005488	116.270283	40.005480
卢沟桥路	E—W	116.275562	39.871506	116.273239	39.870356
卢沟桥路	W—E	116.273449	39.870481	116.274433	39.870984
卢沟桥路	E—W	116.278732	39.872879	116.275562	39.871506
万泉河路	S—N	116.293144	39.998851	116.287327	40.014018
颐和园路	W—E	116.291702	39.997996	116.292309	39.997772
颐和园路	E—W	116.301178	39.997287	116.295136	39.996946
中直东路	W—E	116.296246	39.993520	116.299336	39.992610
颐和园路	S—N	116.304825	39.991750	116.304401	39.997106

续上表

道路名称	方向	起点经度	起点纬度	终点经度	终点纬度
双清路	N—S	116.338154	40.000483	116.337238	39.998820
京开路(主路)	S—N	116.344788	39.782344	116.346928	39.853137
黄亦路	W—E	116.375130	39.763456	116.380920	39.764132
南苑路	N—S	116.399891	39.857142	116.402672	39.803042
北苑路	S—N	116.417217	39.991328	116.417221	39.994863
旧宫西路	E—W	116.430374	39.803792	116.429497	39.803759
京承高速公路	S—N	116.445320	39.991099	116.446308	39.992706
广顺北大街	S—N	116.470306	39.992795	116.467384	40.014300
广顺南大街	E—W	116.482746	39.984454	116.470448	39.992699
阜安西路	S—N	116.478813	40.000000	116.478798	40.000298
广顺南大街	W—E	116.470566	39.992363	116.482208	39.984535
芳园西路	E—W	116.485367	39.977511	116.484039	39.976296
将台路	E—W	116.499481	39.971870	116.491455	39.971914
酒仙桥路	N—S	116.488216	39.988856	116.498001	39.960599
百子湾路	W—E	116.491291	39.900701	116.498718	39.900810
小武基路	W—E	116.505405	39.873823	116.506359	39.874372
大羊坊路	W—E	116.507599	39.826579	116.508396	39.825831
五环路大羊坊立交辅路3	N—S	116.510475	39.821256	116.509548	39.821762
化工路南段	S—N	116.541008	39.847221	116.513851	39.870051
化工路南段	N—S	116.513870	39.868815	116.541557	39.846881
姚家园新路	W—E	116.490379	39.933632	116.547089	39.941073
朝阳路	W—E	116.461876	39.919123	116.619896	39.913493

应用瓶颈路段进行大型活动交通影响区拥堵预警分级标准判别,需确定不同拥堵等级下拥堵路段的拥堵比例。由于不同预警等级之间的差别主要在于三环至四环和四环至五环间的运行状态的不同,因此主要针对这两个区域的运行状态制定预警分级标准。针对蓝色预警,需判别三环至四环及四环至五环两个区域的瓶颈路段发生比例;针对其他预警,需要判别四环至五环内瓶颈路段发生比例。下面以蓝色预警为例进行方法介绍:

蓝色预警相应于区域交通运行状况等级划分中的二级拥堵,因此蓝色预警的鉴定可以借助交通运行状况等级划分中的三级拥堵和一级拥堵共同确定。首先,分别统计一级拥堵、二级拥堵和三级拥堵状态下三环至四环和四环至五环的瓶颈路段的拥堵比例;然后,根据拥堵比例确定蓝色预警下的瓶颈路段的拥堵比阈值。

根据蓝色预警瓶颈路段拥堵比例的确定方法进行其余预警等级拥堵比例的计算,最终得到不同等级下不同区域的瓶颈路段发生比例,并作为影响区运行拥堵预警分级标准,如表 5-5 所示。

瓶颈路段拥堵预警分级标准 表 5-5

预 警 分 级	三环至四环	四环至五环
蓝色预警	[0.65,1]	[0,0.69]
黄色预警	—	(0.69,0.72]
橙色预警	—	(0.72,0.85]
红色预警	—	(0.85,1]

2)大型活动影响区路网运行协调管理策略

针对不同预警级别,分别制订大型活动期间影响区路网运行协调管理策略。

(1)蓝色预警

①提高公交供给水平

通过增开接驳公交线路,解决公共交通出行最后一公里问题,提高公共交通服务水平及吸引力。

②交通需求管理

鼓励通勤者采用家中办公方式并实施电话会议,降低出行需求总量,进而减少大型活动期间的小汽车出行量。

③交通系统管理

利用可变信息板、广播、电子导航等方式诱导车辆选择低等级道路行驶,均衡道路资源利用率,降低高等级道路负荷度,缓解交通大面积拥堵严重程度。

(2)黄色预警

①提高公交供给水平

针对公共交通最后一公里问题,增开接驳公交线路,并规划常发拥堵点段的公交绕行线路,临时调整公交行驶路线,提高公共交通服务范围及运行速度。

②交通需求管理

通过鼓励公众实施家中办公及电话会议,降低出行需求;并制定拥堵收费优惠政策,引导公众采用合乘方式出行,降低小汽车出行量。

③交通系统管理

通过可变信息板、广播、电子导航等方式诱导车辆选择低等级道路行驶,均衡道路网资源利用率;同时诱导车辆选择四环及外围道路绕行,并针对城区外围车辆应用减少入城收费站口、增加出城收费站口,采取复式收费及原地劝绕等措施降低车辆进城速度、增加出城速度,全面减少城市内部穿城交通量,缓解客流激增影响区内的拥堵状况。

(3)橙色预警

①提高公交供给水平

在公共交通出行末端增开接驳公交线路,实现公共交通的门到门服务,提高公共交通出行比例;并在瓶颈路段规划公交绕行线路,动态调整公交行驶路线,充分利用微循环道路提高公共交通运行速度;同时在客流抵离高峰时段增开区间车,确保公交车辆发车间隔的合理性,保障公众正常的公交出行。

②交通需求管理

鼓励通勤者采用家中办公及电话会议的办公方式,从出行源头上控制出行需求;制定拥堵收费优惠政策,鼓励出行者合乘出行,达到减少小汽车出行量的目的;同时全天禁止外地牌照车辆和黄标车上路行驶,降低大型活动影响区小汽车交通量;并利用价格杠杆调整公众出行方式,通过提高拥堵收费费率,遏制小汽车出行需求。

③交通系统管理

诱导车辆选择低等级道路行驶,充分利用出行起讫点之间的微循环道路实现最优出行路径的选取;同时,对中心区外围车辆采取减少入城收费站口、增加出城收费站口,采用复式收费及原地劝绕的措施;诱导五环外小汽车出行需求,利用五环及外围道路绕行,组织四环至五环内小汽车出行需求,利用四环及外围道路绕行;并在快速路上采取断续卡控放行方式控制车辆进入四环及四环内的速度,进一步减少影响区小汽车交通量。

(4)红色预警

①提高公交供给水平

通过增开接驳公交线路,有效解决公共交通出行最后一公里问题,提高公共交通服务水平;针对瓶颈路段规划公交绕行线路,临时调整公交行驶路线,保证公交的准时准点性;同时增开区间车,确保公交线路合理的发车间隔,保障公众在拥堵状况下的正常出行;并且通过全天启用并开辟临时公交专用道,充分提高和扩大公交优先的优势,提升公交运行速度。

②交通需求管理

通过鼓励公众采取家中办公及电话会议的措施,从出行源头上减少出行需求;通过合乘车辆的拥堵收费优惠、实施提高拥堵收费费率等措施,利用价格杠杆调节出行方式比例,降低小汽车出行量;同时在外地牌照车辆和黄标车全天禁止上路行驶的基础上,针对全市机动车采取多尾号限行的强制措施,进一步减少小汽车交通量;并针对中学生及公务员实行弹性工作时间制度,加大错峰力度,有效避免交通出行需求的叠加,有效缓解影响区的拥堵状况。

③交通系统管理

在诱导车辆选择低等级道路行驶,充分利用畅通的微循环道路的基础上,诱导四环区域以外的机动车交通利用四环、五环、六环及外围道路绕行,缓解影响区交通压力;同时减少入城收费站口、增加出城收费站口,采取复式收费及原地劝绕的措施,并针对快速路控制车辆驶入四环和五环区域内的速度,实施断续卡控放行,有效减少影响区内交通量;针对交通流呈现明显潮汐性的道路,设置潮汐车道,均衡道路资源利用率,进而缓解大型活动交通影响区的拥堵严重程度。

5.1.2 大型活动交通运行应急处理保障方案分析

通过汇集多源公共交通信息、客货流监测信息、气象信息、关键基础设施状况以及城市路网、重要路段和节点的实时监测信息,全面监控全市交通运行,实时分析交通运行状态,及时响应各类突发事件,对大型活动城市交通运行进行实时处置、预案发布和协调指挥,对应急交通信息发布及服务、疏散保障进行统一管理,提高城市交通应急管理水平,实现各类偶发性事件有效、平稳的过渡,保障城市交通的正常运行。

以大型活动交通保障方案和应急预案为基础,从应急准备、监测预警、协调指挥、事后评估等业务环节入手,研究业务内容及其关联关系,建立业务流程框架(图5-5)。

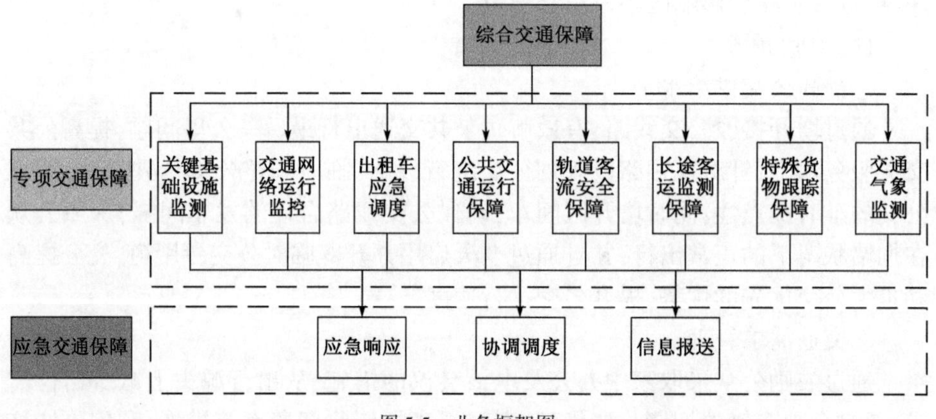

图5-5　业务框架图

业务框架各个层次业务内容如下：

(1)综合保障业务

综合保障业务通过总体方案体现，方案是从总体上阐述大型活动交通保障方针、政策、组织结构及相应的职责，保障业务的总体思路等。通过总体方案可以很清晰地了解整个交通保障组织体系及业务体系，是大型活动交通保障业务开展的指导纲领，对各类专项交通保障业务具有指导作用。

(2)专项交通保障业务

专项交通保障业务是指某种特定类型的交通保障业务，在综合保障方案的框架下，针对专项交通业务的特点，制定专项保障方案和应急预案，对具体的保障目标、组织机构、业务活动等进行具体阐述，具有较强的专业性和针对性。主要包括关键基础设施监测、交通网络运行监控、出租车应急调度、公共交通运行保障、轨道客流安全保障、长途客运监测保障、特殊货物跟踪保障和交通气象监测。

(3)应急保障业务

针对需要现场处置的交通保障业务，需要在该类专项方案和预案的基础上，根据现场具体保障目标，针对特定的交通保障具体场所，以现场交通保障业务为内容制定现场保障方案和应急预案。

根据不同大型活动交通应急保障的业务范围，分析业务范围内关键要素的联动关系和业务流程，将各种业务流程有机地组合在一起，建立大型活动交通保障业务的实时处理流程框架(图5-6)。

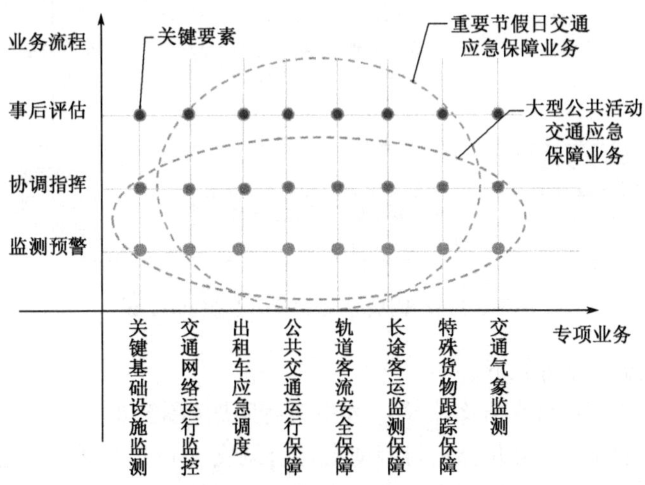

图5-6　大型活动交通保障实时处理流程框架示意图

大型活动交通应急业务具体包括应急响应流程、协调流程、信息报送流程，以园博会为例进行分析。

①主要交通保障应急响应流程分析如下。

当发生突发事件时，可按照以下几种情况采取应急响应（图5-7）：

a. 园博园周边地区（含轨道交通园博园站、园博大道沿线、各停车场）遇有需要采取应急运输措施时，由园博会运行调度中心按照既定应急机制发布启动应急预案的指令并实施。

b. 市管道路、公路及高速公路遇有需要应急抢险时，由交通委路政局发布启动应急预案的指令并实施。

c. 发生上述情况遇有协调事项，可提请交通委安全监督与应急处进行组织协调；应急措施启动及处置过程情况，要及时向领导小组办公室报告。

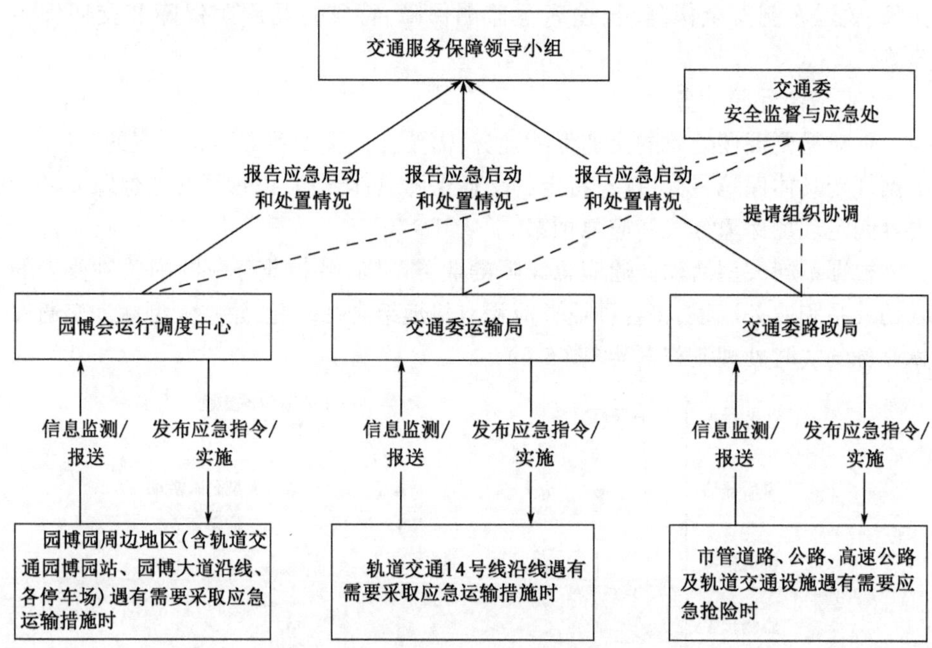

图5-7 大型活动交通保障应急响应流程图

②协调流程分析如下。

成员单位（部门）在方案实施过程中遇有问题（图5-8）：

a. 可通过领导小组办公室与园博会运行调度中心交通保障部进行协调。

b. 直接与园博会运行调度中心相关部门进行协调。

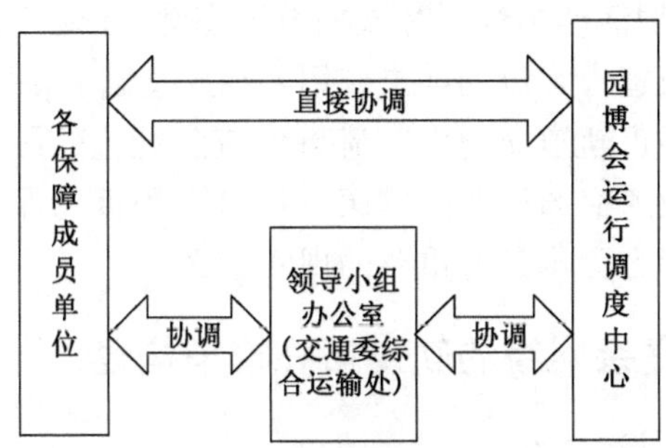

图 5-8　大型活动交通保障应急响应协调流程图

③主要信息报送流程分析如下(图 5-9)。

a. 各成员单位(部门)可通过交通监测系统查询运行信息。

b. 派驻人员要定时向相关保障单位收集运行数据及动态信息。

c. 运输局定期向领导小组办公室报送运输服务保障动态信息。

d. 交通运行监测调度中心每日编发园博会周边交通运行监测报告并通过手机短信系统发布监测报告的摘要信息。

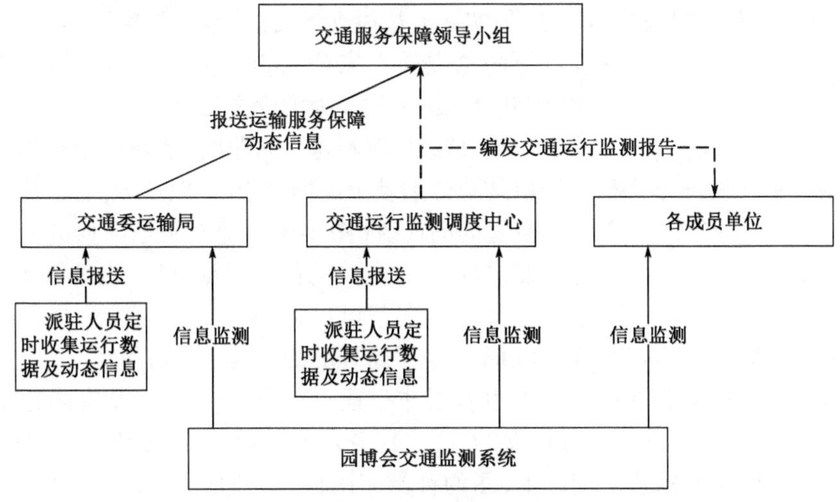

图 5-9　大型活动交通保障应急响应信息报送流程图

5.2　大型活动条件下轨道大客流传播规律与管控策略

大型活动条件下轨道大客流的生成与传播,对城市轨道交通的正常运营造成了巨大的冲击。该过程具有可预知性、规律性与随机性,只有将其规律抽取出来,用于预测不同大型活动场景下客流的发展态势,才能主动、有效地预防和控制大型活动条件下轨道大客流的冲击作用。在此基础上,探讨可能的应对策略,以期对现阶段我国城市轨道交通大客流事件应急处置的研究与实践提供借鉴。这不仅对我国城市轨道交通行业的健康发展具有积极的促进作用,在维护城市居民公共出行安全等方面也具有重要的现实意义。

5.2.1 基于复杂网络的轨道拓扑模型构建

1)复杂网络的理论

(1)图论的基本理论

图论的概念产生于1736年,当时的图论问题就是我们通常所说的走迷宫问题。其中最著名的就是古城格尼斯堡市的一位数学家L. Euler在1736年提出并解决的七桥问题。格尼斯堡的七桥问题是这样的:在普雷格尔(Pregel)河(该河位于格尼斯堡市中心)的中央有两个小岛,岛与两岸分别由七座桥相连,人们每天从这里经过。有一天,岛内的人们想出了这样一个问题:从任一岛内出发,怎样走才能经过每座桥一次,并回到出发地点?

这个问题看起来并不复杂,但实际上却很难解决,引起了许多人的注意。七桥问题的论文被大家公认为是世界上第一篇图论论文,因此,Euler也被誉为图论之父。

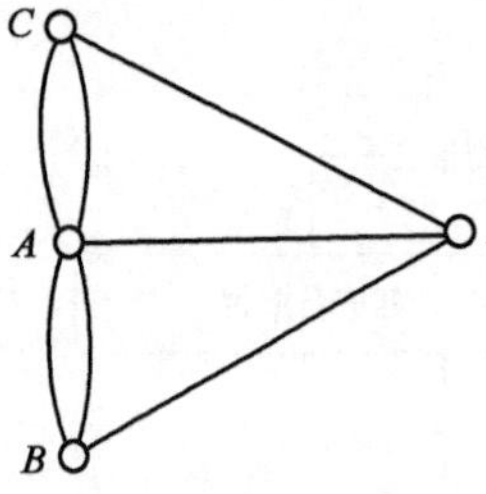

Euler是这样解释这个问题的:他将两个小岛与两岸四块陆地分别表示成四个点A、B、C、D,七座桥看作是两点之间的连线(图5-10),那么格尼斯堡的七桥问题就变成从A、B、C、D的任意一点出发,通过每条边一次并且仅仅一次就可以返回出发点的线路是否存在呢?Euler证明了这样的路线是不存在的。

图5-10 格尼斯堡的七桥问题

在图论中,一个图G定义为由有限非空顶点集合$V(G)$,以及有限边集合$E(G)$组成,记为:$G=(V(G),E(G))$。其中$E(G)$的每个元素是$V(G)$中顶点的无序对,称为G的边。理论上,图的种类有两种,一种是无向图,一种是有向图。在无向图中,两个节点由一条边相连,边只是代表两个节点之间的具有连接关系。但是在有向图中,边具有了方向性。

(2)复杂网络的定义

图是网络中的一种数学模型,网络不仅是一副由节点和边组成的简单的图,它还具有状态和一定的功能。复杂网络是构建的网络模型,在该模型中,大量的节点通过大量的边相连构成了复杂的拓扑结构。人们对复杂网络的研究兴趣近年来逐渐高涨。万千世界中,有许许多多的系统都可以被看作复杂网络系统。比如明星的粉丝团,可以将人当作节点,明星与粉丝的关系作为边,这就组成了一个复杂网络;食物链网是由各类生物作为节点,生物之间的捕食关系当作边的一个复杂网络;因特网也可以当作复杂网络,它把网关当作节点,之间的连接当作边等。

复杂网络的复杂性主要体现在:

①包含大量节点和边,构成的结构相对复杂,特征多样化。

②网络的结构变化由节点或边的变化产生。

③网络属于有向图,两点之间的连线是具有方向性的。

④节点可以定义不同事物。

⑤节点的状态符合动力学的特征。

2)复杂网络统计的特征参数

(1)度分布

在复杂网络的数学统计特征参数中,度分布是描述网络的最基本的特征之一,它指的是网络中与某一节点相连的边数。若该网络图是有向图,那么度不仅表示的是出度,指某一节点发出的边数,而且还指入度,由于有向图中边是有方向的,所以它表示的是指向该节点的边数。所以度包括入度和出度两部分。通常人们会认为度越大的节点在网络中所起的作用越大。网络的平均度被记为 k,指网络中度的平均数。通常一个最基本的拓扑结构图的特征可以从度的分布中获得,度分布指的是一个节点的度为 k 的概率。

对于一个随机网络图,它的节点的度是服从泊松(Poisson)分布的:

$$p(X = k) = \frac{e^{-\lambda}\lambda^{k}}{k!}$$

式中:k——节点的度分布;

λ——泊松分布的参数。

在小世界网络中,节点的度值很大,所以服从指数分布;而无标度网络图中,节点的度一般都很小,只有少量节点的度数很高,所以它的节点度分布服从幂律分布:

$$P(k) \propto k^{-\lambda}$$

式中:k——节点的度分布;

λ——幂律分布的参数($2 \leqslant \lambda \leqslant 3$)。

(2)平均最短路径

所谓平均路径长度,是指一个网络中两点之间最短路径长度(或称距离)的

平均值,公式为:

$$L = \frac{2}{n(n-1)}\sum_{i \geqslant j} d_{ij}$$

式中:L——平均路径长度;

n——节点数目;

d_{ij}——由节点 i 到节点 j 的距离。

(3)聚类系数

所谓节点的聚类系数,是指与其相邻的 n 个节点之间实际存在的边数与总的可能边数的比值,即

$$C_i = \frac{2k_i}{n_i(n_i - 1)}$$

式中:k_i——边数;

C_i——节点的聚类系数。

因此,网络的群集系数 C 定义为所有节点聚类系数的算术平均值,即

$$C = \frac{1}{n}\sum C_i$$

式中:C——网络的聚类系数。

(4)介数

所谓介数,是指网络中所有最短路径的数目与通过该节点的最短路径数目的比值。它结合前文提到的度分布,两者一起能更确切地判定网络中某一节点的重要度。

其计算公式为:

$$B_i = \sum_{i \neq j} \frac{\sigma_{st}(i)}{\sigma_{st}}$$

式中:σ_{st}——从节点 s 到节点 t 的所有最短路径的数目;

$\sigma_{st}(i)$——从节点 s 到节点 t 经过节点 i 的所有最短路径的数目。

3)复杂网络模型

近些年来,在学术界兴起了一门崭新的交叉科学——复杂网络。目前对复杂网络的研究还停留在很浅显的地步,仅将复杂网络分为规则网络、随机网络、无标度网络。这三种网络的定义与主要指标归纳如下:

(1)规则网络

规则网络是指在网络中,给定 n 个节点,任何一个节点连接的边的数目是相同的。规则网络具有度分布、平均聚类系数与平均路径长度三个主要几何性质特征。在网络中,人们通常将一个点所连接的边的数目称为度值。网络中任意两点之间的边的距离的平均值称为平均最短路径值。网络中节点的聚集情况通常用聚类系数这个网络特征值表示。一个节点的聚集系数定义为其所有相邻节点之间连边的数目占可能的最大连边数目的比例;网络聚类系数则为所有节点聚类系数的平均值,是 0 ~ 1 之间的一个实数值。一般来说,规则网络是节点的度分布符合标准正态分布 δ 分布,且具有较大的聚类系数和较大的平均距离的网络。

(2)随机网络

随机网络是指在网络中,给定 n 个节点,假定任意一对节点之间存在一条边的概率并不是固定的,而是以概率 p 连接,这样形成的网络为随机网络。随机网络的主要几何性质与规则网络一样,同样包括度分布、平均聚类系数与平均路径长度。根据研究与分析得知,随机网络的节点的度分布服从泊松分布,且具有较小的聚类系数和较小的平均距离。

(3)无标度网络

在网络中,除了规则网络、随机网络外,Barabasi 和 Albert 通过研究发现若节点的度分布并不像随机图理论所预料的那样服从泊松分布,而是服从幂律分布,参数位于 2 ~ 3 之间,则此特性是无标度特性。无标度网络是指满足无标度特性的网络,所以无标度网络的主要指标就是节点的度分布服从幂律分布。

4)城市轨道交通网络模型的构建

在轨道交通网中,车站和线路是它的基本组成元素。城市轨道交通的车站是由出入口、站厅、楼梯、通道、自动扶梯、售票房、站台、行车作业用房和机电设备用房组成。轨道交通车站按其运营功能可分为中间站、换乘站和终点站。中间站是指位于线路两终点站之间,不与其他线路交会的车站;换乘站是指有两条及以上线路经过的车站,乘客可在换乘站由一条线路转乘至另一条线路;终点站是指车站位于线路主线、支线或区间管理两端,是列车运营服务的起终点。城市轨道交通一般采用专用线路,不存在平面交叉。除修建在地下外,线路还可以修建在地面或高架桥上。城市轨道交通一般是双线运行,所谓双线运行是指车站之间有两条线路连接,分别供上、下行列车行驶。

在城市轨道交通网络中,车站通过线路相互连接,每条线路都由若干个车站和连通车站的线路区间组成。尽管车站和线路包含了很多机电设备系统,但是本书将车站和线路看作是其他技术设备的集成,因此,构建的城市轨道交通复杂网络只包含车站和线路。此外,因为城市轨道交通一般是双线运行,所以在构建城市轨道交通复杂网络时,若车站能通过路线到达车站,则认为车站也能够沿同一条路线到达车站,即构建的网络没有方向性。

城市轨道交通复杂网络的构建方法主要有 Space P 法和 Space L 法。Space L 法把车站视为节点,线路区间视为边,若两个车站同在某一条线路上相邻,那么它们之间就有连边。Space P 法也把车站视为节点,任意两个车站之间只要有至少 1 条的线路连通,那么它们之间就有连边。通过比较,两种方法中的 Space L 法可以根据线路的特点赋予权值。所以,本书选用 Space L 法构建北京市轨道交通网络的拓扑结构,如图 5-11 所示。

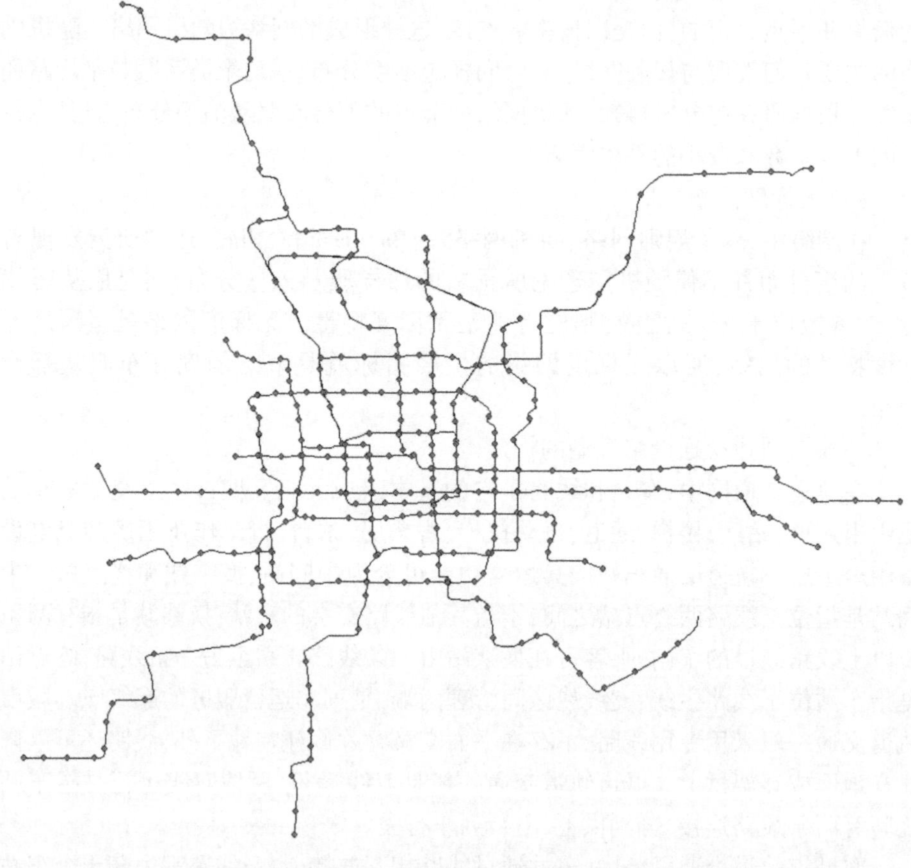

图 5-11　北京市轨道交通网络拓扑图

5.2.2 影响城市轨道交通网络客流传播的因素

(1)网络结构

车站与线路,是城市轨道交通网络的基本组成,也是实现客流输送的基本要素。客流之于网络整体的传播能力,实际是对拓扑网络功能特性的一种展现。目前,研究运输网络的结构功能特性主要有两个角度:一是拓扑网络的结构特性角度,从点、线的构成方式出发,寻找能够反映网络传播特性的统计学规律;二是将流量引入于网络,侧重于研究不同拓扑结构的运输网络,其客流拥挤与客流传播效率的问题。

(2)运力供需关系

运力需求与供给之间的相对关系,对城市轨道交通网络的客流传播效果产生直接的影响。当运力供不应求时,乘客在车站滞留;当运力供大于求时,乘客虽能有序地在网络中被输送,但列车运力可能得不到有效应用。因此,运力需求与供给之间的相对关系,既是影响客流网络传播快慢的因素,也是衡量网络运营方案优劣的标准。城市轨道交通的发车间隔在一定程度上决定着整条线路的运输能力,适当地缩短早晚高峰列车的发车间隔,有助于提高列车的运载量,使得乘客乘坐地铁更加地快捷、方便。

(3)站点容量

站点容量是指轨道交通车站的容许客流量,其大小取决于地面出入口及通道、站厅、站台三个主要构成部分的容纳能力。当车站内候车、停留乘客超过车站容量时,会使车站的客运组织工作面临压力,需要采取特殊的应急处置措施,否则极有可能发生人员伤亡事故或意外事件。

5.2.3 大型活动条件下轨道大客流的传播规律

大型活动大客流事件是一类由诸如大型展览会(如园博会、车展)、大型庆典(如国庆庆典)、演唱会等城市大型活动举办引起的连发事件。大客流事件由于具有人数众多、人流路径复杂、流动性大等一些不确定因素的特点,再叠加长时间高强度的常态客流,对轨道交通网络的运输能力、安全可靠性、协调调度等各方面都是巨大的考验。同时,大客流事件期间也极易发生突发公共事件,且一旦发生又往往会造成重大人员伤亡和财产损失。

本研究以2014年4月21日~2014年4月29日在中国国际展览中心新、老展馆举行的2014年北京国际车展作为大型活动散场客流研究的案例,主要从散场客流的基本特征着手,进一步展开分析。通过实地调研,2014年北京国际车展期间,中国国际展览中心周边轨道交通车站客流量大幅增加,其中,国展站的客流量最高增幅超过500%,从而发生了轨道站点大客流拥挤事件。国展站在两个活动日及同期非活动日的客流进站分布如图5-12所示。在中国国际展览中心举行的车展一般从9:00开始至20:00结束,对比活动日与非活动日发现,在活动期间的该时段内国展站客流量急剧上升,说明活动散场客流是该站进站客流的主体,并且发现活动日进站客流量值与时间的关系呈现正态分布特征。

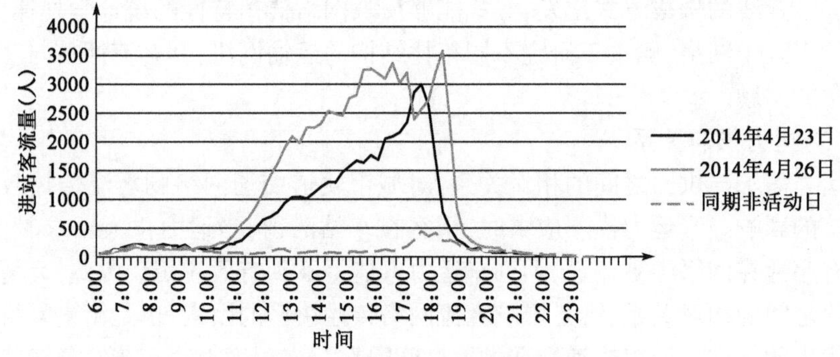

图5-12 国展站客流到站分布规律

为进一步研究活动散场客流的到站时间分布特征,将活动日9:00~20:00时段的进站客流量减去同期非活动日进站客流量的均值,得到如图5-13所示的图形(图中同一形状的散点分别表示同一日国展站的进站客流量,曲线是对散点的拟合曲线)。对散场客流的到站时间分布进行拟合,拟合公式见下式,拟合精度为0.751和0.857,拟合度较高。

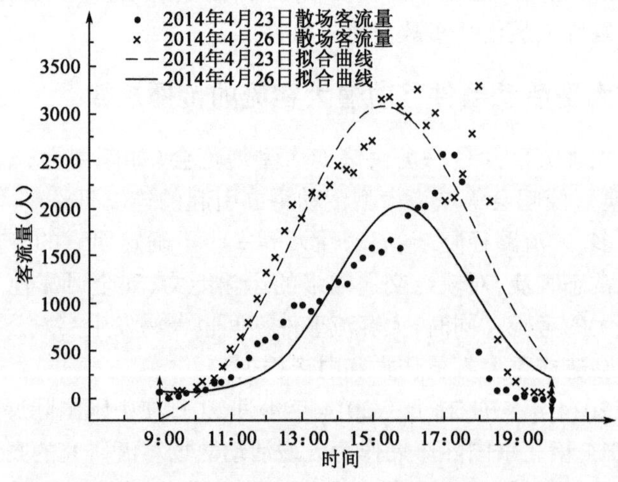

图5-13 国展站9:00~20:00车展活动散场客流到站时间分布特点

$$y = y_0 + A \times e^{-0.5\times[(x-x_c)/w]^2}$$

国展站车展活动散场客流相关拟合参数见表5-6。

国展站车展活动散场客流拟合参数 表5-6

日期	$y = y_0 + A \times e^{-0.5\times[(x-x_c)/w]^2}$			
	参数	标准误差	校正决定系数	拟合精度
2014年4月23日	y_0	70.94297	130.73249	0.75111
	x_c	2456770	0.0061	
	w	0.07578	0.00894	
	A	1962.55885	169.38153	
2014年4月26日	y_0	-398.69028	328.25322	0.85731
	x_c	2456770	0.00474	
	w	0.10831	0.01201	
	A	3488.0712	307.97036	

从表5-3及图5-9可得出以下结论：

(1)大型活动散场后到达城市轨道交通车站的客流量，取决于车展能够吸引的观众数量、观众选择城市轨道交通出行的比例，并且其活动期间散场客流量与工作日和周末这一时间性质的关联性也较大，周末的客流量多于工作日。

(2)在同一场馆举办的大型活动，散场客流到达车站的时间较一致，并且主要集中在晚高峰时段，同时给车展周边的地铁站及线路带来了客流压力(图5-14)。

(3)参数，即正态分布的标准差，反映了散场客流到达的集中程度。相同类型的大型活动，其客流到达的集中程度相近。

集中在晚高峰的散场客流短时间内大量涌入邻近的轨道交通站点，给轨道站点带来极大的客流压力，并且引发大客流爆满情形，其影响不仅局限于该轨道交通车站，也随列车运行向网络中其他车站和区段转移扩散，见图5-14。车展大客流事件的交通影响在网络空间上的扩散路径如图5-15所示。

由以上分析可得，在大型活动条件下发生的轨道大客流对于发生站来说均属于进站客流，站内突发大客流与既有客流的相互叠加，将导致发生站候车区内乘客迅速聚集，站台乘客密度也将由舒适自由变为拥挤缓慢，并且随着客流的持续入站，候车区内客流人数也将攀升到乘客容纳上限；此外，当列车到站时，受大客流引起的车站站台乘客过度拥挤影响，车内到站乘客下车时间消耗将增加，同时突发大客流情况下，受到紧张等情绪影响，乘客具有短期行为突变性等特点，即此时乘客心理易受外界影响而改变，具有一定的从众心理，并且乘客会以时间最短为标准选择出行线路,不可避免地会引发站台乘客拥挤上车,站台上车乘客上车时间相比有条不紊情况下的消耗也将增加。

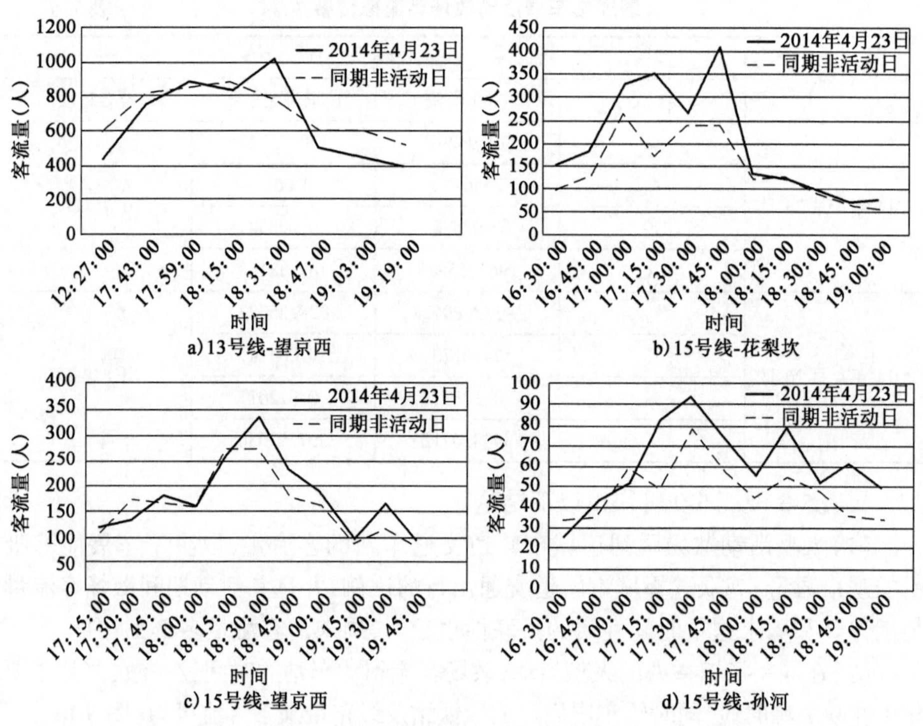

图 5-14　车展周边地铁站的散场客流到站规律

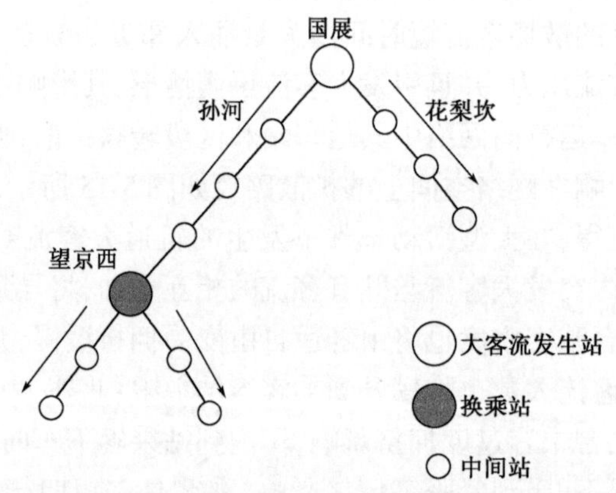

图 5-15　2014 年北京国际车展大客流事件交通影响扩散示意

城市轨道交通列车采用的是具有防夹功能的自动感应车门,列车配载的ATC系统对车门进行自动监控,列车必须在“全部车门都安全关闭”的情况下启动。因此,在大客流情况下,大量乘客涌入发生站,客流的急速聚集和交叉增加了乘降时间,直接映射到列车在站停留时间增加上,既导致列车发车延误,又引起列车满载运行,这对前方列车运行以及后方车站站台候车工作产生干扰,大客流随着列车运行而“传染”到后方车站,再次造成大客流爆发。具体的传播过程如图5-16所示。

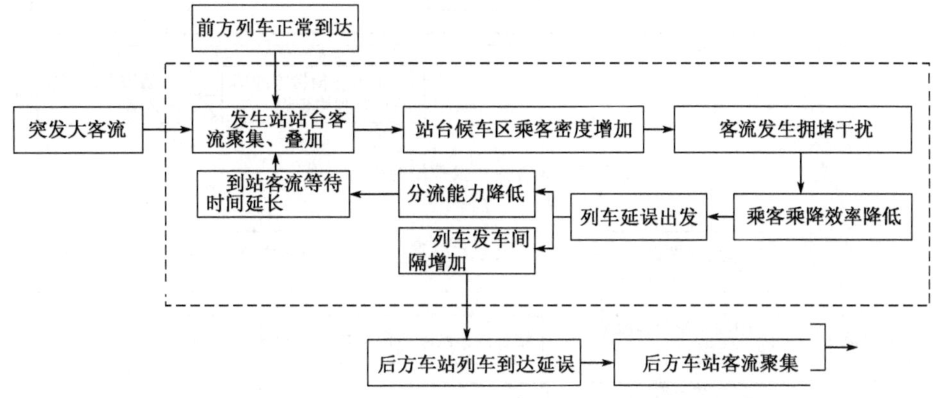

图5-16 大客流在发生站的传播过程

大客流列车运行至换乘站时,列车到达延误使得换乘站站台候车客流等待时间延长,客流密度增大。大客流列车车门开启后,进站和出站客流之间以及上下车客流之间均会发生严重的交叉干扰,造成列车出发时间的二次延误,列车在站停留时间累加延长,将影响其他衔接方向列车的到达。同时,换乘站大客流方向列车的上车乘客数取决于下车乘客数,造成乘客候车时间延长,此时,换乘站的运能降低,集散效率降低,影响范围也将通过换乘站形成网络化传播,进一步加剧了大客流对路网的影响。具体传播过程如图5-17所示。

中间站衔接的线路方向数单一,无换乘客流,因此大客流列车到站后,由于前方一级一级地延误,中间站站台候车区的乘客密度将增大,相似的客流交叉干扰继续引发列车的出发延误,导致列车到达后方站时产生到达延误。同时,列车满载运输时,将造成站台候车乘客继续等待,列车输送能力和疏散能力下降,降低了中间站客流集散效率。这使得路网中的大客流继续呈线性或网络性传播,对后方车站的运输能力和乘降水平产生影响。具体传播过程如图5-18所示。

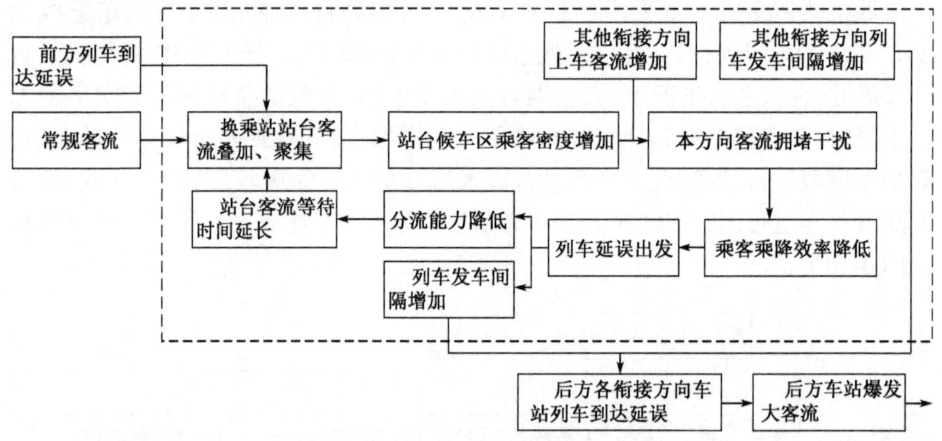

图 5-17　大客流在换乘站的传播过程

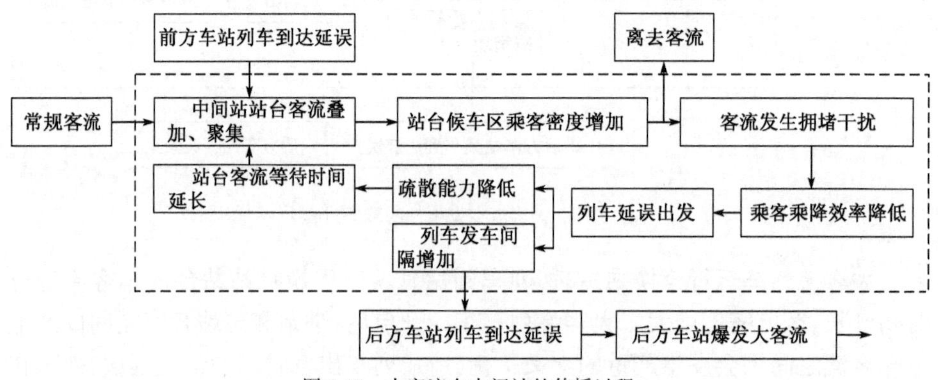

图 5-18　大客流在中间站的传播过程

5.2.4　大型活动条件下轨道大客流的控制策略

大型活动条件下轨道大客流的控制策略是在保证安全的前提下，采取最为合理的措施，提高运输能力，从源头上杜绝大客流事件发生；同时在事件发生时加快大客流的疏散，降低运营事故风险；并在事件结束后及时评估、总结、吸取经验。构建轨道大客流控制策略的原则是防止轨道大客流事件发生的前瞻性、保障客流控制的安全性、通信和控制系统的科学性、注重应急策略的心理效应、应急策略制定的层次性。基于前述大型活动的轨道大客流事件形成及传播分析，轨道交通车站大客流事件的应对策略可以从控制到达流量、运输组织优化、提高输送能力和加强客流组织四个方向考虑，并从大客流事件预防、应急处置和事后评估三个层次进行探讨。

1)事件预防

对于大客流事件,预防的目的主要是让轨道交通车站大客流事件不发生。将大型活动场所的规划与轨道交通设施规划、轨道交通组织结合,积极合理地安排活动时间、地点,将大客流事件防患于未然,保障参加活动的公民人身财产安全。预防措施主要从控制车站到达流量考虑,具体包括:

(1)合理安排活动时间。如车展、园博会这类能够提供观众长效性服务的大型活动,可以统筹安排会场区域内各场馆活动时间,安排多个会场出口,使其相互交错,避免因观众入、离场时段过于集中而在短时间内出现大量客流。

(2)合理组织散场过程。轨道交通车站的乘客到达流量与活动场所出口处观众的离开流量密切相关,因而可以从合理组织大型活动散场过程入手,控制观众在出口处的离开流量,从而控制轨道交通车站的到达流量。

(3)适当增加活动场所出口至轨道交通车站的走行距离。设置移动护栏,在高峰时段强制引导客流按曲折(蛇形)路径等方式行走,适当延长出口至车站的走行距离,可以拉平车站客流到达率曲线,预防发生大客流事件。

(4)采用出入口限流、广播音频播报、LED视频显示轨道交通拥挤程度,甚至是错峰出行提示等非强制性引导措施来降低车站乘客到达流量的集中度。

(5)轨道交通设备规划改造。车站集散能力受站台大小、楼梯数量及尺寸、通道宽度、自动扶梯、安检设备和AFC设备数量等方面影响,这些设备的能力也决定了车站规模的大小,因此在规划时应结合轨道周边土地利用类型。轨道交通系统建成后,由于车站站台容量、站厅容量主要取决于车站站台、站厅的有效长度和宽度,很难改变,因此,可以通过加强通道、楼(扶)梯、安检设备和AFC设备的能力来提高车站的集散能力,避免客流拥堵。

2)应急处理

在大型活动条件下,轨道客流会短时间内快速增加,将给城市轨道交通的正常运营组织管理带来很大负担。在大型活动导致轨道交通大客流事件发生的情况下,采取有效的应急处置措施,能够减少损失,降低影响。一般可以通过提高输送能力、加强客流组织和关注薄弱环节三个角度,缓解轨道交通出行的供需矛盾。

(1)提高输送能力

通过运输组织提高轨道运输能力可以从根本上解决突发大客流问题。运输组织是通过运用比较完善的行车组织方法,有效利用既有技术设备,无需大量投资就能提高运输能力的措施。轨道运输组织优化策略主要包括改变列车编组车辆数、增加车辆行驶密度、优化列车停车设计三个方面。

第一,改变列车编组车辆数。可优化列车车型,增大列车定额乘坐人数。在列车车型及开行对数一定的情况下,增加列车编组数,可以增加列车定额乘坐人数,提高运输能力。但需根据站台长度和运营经济性考虑。

第二,增加车辆行驶密度。轨道运营调度部门会针对客流高峰和平峰的不同制订不同的日行车计划,当突发大客流为系统外客流时,发生在客流平峰时,增加行车密度是提高运输能力的基本方法,若突发大客流发生在客流高峰时,增加行车密度有一定难度的情况下,可以在允许范围内尽量缩短列车的在途运行时间,通过这种方式加快乘客的运送速度。

第三,优化列车停车设计。日常情况下的车辆是每站均停车,这种停车方式的优点是方便乘客乘车,减少换乘,可达性良好。但是在大型活动的影响下,线路中的个别停站点会出现突发的大客流情况,为了减少大客流对车辆行驶的影响,可以采用跨站停车或者分段停车,提高列车的周转速度。可根据不同的情景,设计不同的停车方案。

(2)加强客流组织

车站客流组织是指为了保证乘客乘车的舒适和安全以及车站的服务水平,在车站的服务水平未达到乘客能接受的范围时以及客流量超过站内设施的承载能力时,对换乘客流及进站的客流采取相应措施。基于对以往车站大客流的特征分析,制订大客流事件应急方案,设计符合轨道交通车站实际情况的乘客进站、乘车、换乘、下车、出站全过程站内引导方案,并根据应急方案对相应工作人员进行培训,模拟大客流场景,进行演练等。

突发大客流的组织原则为由下至上、由内至外的客流组织。可将车站客流组织分为四个等级。一级控制,控制车站站台客流,站台与展厅的楼梯或者电扶梯口为控制点,可增派站务人员到控制点进行疏导。根据客流量的强度,可减慢电扶梯的运行速度或关闭电扶梯,或者改变电扶梯运行方向,增加车站的出站来减少进站量。二级控制,控制车站付费区客流,进、出站闸机入口处为控制点。可以设置导流栏、警戒绳等疏导措施。特殊情况时,可关闭部分进站闸机或将闸机改为出站模式。可将 AFC 系统设置成出站免检模式,打开边门,安排站务人员回收车票。三级控制,控制车站非付费区客流,车站出入口处为控制点。在出入口通过设置隔离栏杆等设施或者关闭部分入口以减缓乘客进入车站的速度,可加开人工售票窗口,或发售预制票,减少乘客的购票等待时间。四级控制,可以考虑通过与其他公共交通方式的衔接缓解车站交通压力,这需要不同交通部门的配合,还需要辅以不断的广播宣传及工作人员的疏导。

(3)关注薄弱环节。根据对车站大客流事件影响在轨道交通网络上传播扩散机理的分析,识别其中的关键薄弱环节,有针对性地制订应对方案,并迅速采取行动,将大客流事件的负面影响控制在尽可能小的范围内。

3)事后评估

这一应对策略的制订,目的是在轨道交通车站大客流事件发生后,对整个事件演化过程的各方面进行详细后评估,从中不断学习,提高对轨道交通车站大客流事件的应对能力。

事后评估在大客流事件的消退期就应启动。消退期是大客流事件造成的负面影响达到峰值后,其对轨道交通网络的影响逐渐减弱直至消失,轨道交通系统恢复正常运营的时间阶段。此时,应急处置投入的资源以及措施强度开始出现富余,应适时减低应急处置措施的强度,尽快恢复轨道交通系统的正常秩序。同时,该应对策略中很重要的一个方面是对大客流事件处置过程进行详尽的调查评估,并不断地总结经验。

5.3 本章小结

本章主要基于复杂网络理论对轨道网络拓扑结构进行了研究,构建了复杂网络的静态抽象结构,并以2014年北京国际车展作为大型活动下轨道大客流研究的案例,定量分析了大客流事件的形成原因及网络影响的传播规律,有针对性地探讨了在大型活动时期轨道大客流的控制策略。在以后的研究中,可建立动态加权轨道网络,将站点间OD流量、路面交通路况、行人路径选择行为等因素考虑进去,充分挖掘影响轨道大客流传播规律的主要因素,建立完善的轨道大客流传播规律模型。

参考文献

[1] Corbin J. Strategies to Improve Management of Travel for All Planned Special Events in an Region[J]. 82nd Annual Meeting of the Transportation Research Board, Washington D. C.,2003, 12-16.

[2] 李倩. 城市轨道交通大型活动客流网络传播规律研究[D]. 北京:北京交通大学,2016.

[3] Federal Highway Administration, Managing Travel for Planned Special Events [R]. Washington D. C.,2003.

[4] Shahin S, Hüseyin T O, Öğüt Sel çuk Kemal. Evaluating Transportation Preferences for Special Events: A Case Study for a Megacity, Istanbul [J]. Procedia-Social and Behavioral Sciences, 2014, 111:98-106.

[5] 崔红军. 重大活动交通组织管理关键技术研究[D]. 南京:东南大学,2006.

[6] 张楠,扶国. 重大事件与城市形象塑造——借助重大事件塑造城市故事[C]//2005 广州城市设计论坛,2005.

[7] 崔宁. 重大城市事件对城市空间结构的影响:以上海世博会为例[M]. 南京:东南大学出版社,2008.

[8] 申亚萍. 重大公共活动对城市精神传播的影响研究[D]. 大连:大连理工大学, 2011.

[9] 重大活动行政审批公示项目[DB/OL],2004.

[10] Matthew GK, Konstantinos Kepaptsoglou, Anthont Stathopoulos. A Decision Support System for Special Events Public Transport Network Planning. The Case of The Athens 2004 Summer Olympic, TRB Annual Meeting CD-ROM,2003.

[11] Phansak Sattayhatewa, Rober L-Smith. Development of Parking Choice Models for Events. TRB Annual Meeting CD-ROM,2003.

[12] Karlaftis M, Kepaptsoglou. Amodel for Deriving Optimal Headways and Bus Types for the Athens 2004 Olympic Dedicated Bus Line 2 National Greek Conference for Research in Transportation. 2004.

[13] Yucheng Zhang. Modeling Traffic Impact Under Special Events[D]. Akron: university of akron,2003.

[14] 首届奥运交通论坛. 北京,2002.

[15] 左铁墉,辛铁橡. 北京交通与奥运百千万人才工程学术论坛论文集[C]. 北京,2003.

[16] 北京工业大学. 奥运交通规划理论与方法[R]. 北京,2005.

[17] 广州市公安交警支队. 第九届全国运动会期间交通组织实施方案研究[R]. 广州,2001.

[18] 广州市公安交警支队. 第九届全国运动会交通保卫专项工作方案[R]. 广州,2001.

[19] 杨军,侯忠生. 一种基于灰色马尔科夫的大客流实时预测模型[J]. 北京交通大学学报,2013,37(2):119-123.

[20] 李焘,金龙哲,马英楠,等. 重大活动客流监测预警方法研究[J]. 中国安全生产科学技术,2012,8(4):76-80.

[21] 林文闻,黄淑萍. 大型活动客流空间分布特征分析——以上海世博会为例[J]. 中国商论,2013(30):162-164.

[22] 易晨阳. 城市轨道交通大型活动散场客流传播与协调控制[D]. 北京:北京交通大学,2015.

[23] 武勇彦. 重大活动公交客流分配方法[J]. 北京工业大学学报,2011,4(4):533-540.

[24] 张春辉. 基于卡尔曼滤波的公交站点短时客流预测[J]. 交通运输系统工程与信息,2011,8(4):154-159.

[25] 刘凯. 短时公交客流小波预测方法研究[J]. 交通运输系统工程与信息,2010,6(8):111-117.

[26] D A Hensjer, H F Gunn. High Speed Rail Market Projection: Survey Design and Transportation 19,117-139.

[27] David A Hensher, John M Rose. Development of Commuter and Non-Commuter Mode Choice Models for the Assessment of New Public Transport Infrastructure Projects: A Case Study. Transportation Research Part A 41(2007),428-433.

[28] William H K Lam. How Park-and-Ride Schemes Can Be Successful in Eastern Asia. Journal of Urban Planning and Development. June 2001.

[29] Wafaa Saleh. Implications of Congestion Charging for Departure Time Choice: Work and Non-Work Schedule Flexibility. Transportation Research Part A 35 (2005),773-779.

[30] M Kumar. A Stated Preference Study for a Car Ownership Model in the Context of Developing Countries[J]. Transportation Planning and Technology. 2006, 29(5):409-425.

[31] 叶玉玲,王艺诗. 沪杭运输通道内旅客出行方式选择行为研究[J]. 铁道学报,2010.

[32] 王雯静,干宏程. 小汽车与轨道交通出行方式选择行为分析[J]. 城市交通,2010.

[33] 王爽,赵鹏. 基于 Logit 模型的客运专线旅客选择行为分析[J]. 铁道学报,2009.

[34] 刘薪,高璇. 基于非集计模型的公交出行选择预测模型[J]. 公路科技,2010.